himmlisch

Herausgegeben von
Dr. Andrea Kabus und Klaus König

Erarbeitet von
Luise Gloßner, Thomas Henn,
Dr. Andrea Kabus, Martin Kaiser
und Klaus König

KÖSEL SCHULBUCH

himmlisch 5

Unterrichtswerk für katholische Religionslehre an der Mittelschule

Herausgegeben von
Dr. Andrea Kabus und Klaus König

Erarbeitet von
Luise Gloßner, Thomas Henn, Dr. Andrea Kabus,
Martin Kaiser und Klaus König

Zugelassen als Lehrbuch für den katholischen Religionsunterricht an der Mittelschule von den Diözesanbischöfen von Augsburg, Bamberg, Eichstätt, München und Freising, Passau, Regensburg und Würzburg.

Redaktion Christiane Wille-Molitor
Illustration und Karten Volker Konrad, Münster
Notensatz Holger Jeschke, Hamburg
Umschlaggestaltung Rosendahl Berlin
Layoutkonzept und technische Umsetzung Studio SYBERG, Berlin

www.cornelsen.de
www.oldenbourg.de

1. Auflage, 1. Druck 2018

Alle Drucke dieser Auflage sind inhaltlich unverändert und können im Unterricht nebeneinander verwendet werden.

Druck: Firmengruppe APPL, aprinta Druck, Wemding

ISBN 978-3-06-065560-1 (Schülerbuch)
ISBN 978-3-06-065723-0 (E-Book)

PEFC
PEFC/04-32-0928

PEFC zertifiziert
Dieses Produkt stammt aus nachhaltig bewirtschafteten Wäldern und kontrollierten Quellen.

www.pefc.de

Liebe Schülerin, lieber Schüler,

herzlich willkommen im katholischen Religionsunterricht der Mittelschule! Du hast das Schulbuch für das Fach „Reli“ in der Hand. Bevor du darin blätterst und es dir ansiehst, erhältst du einige Hinweise.

Warum heißt das Buch **himmlisch**?
Schau dir den Umschlag des Buches an. Im oberen Teil siehst du viele kleine bunte Dreiecke. An einer Stelle werden sie heller, einige Dreiecke sind fast weiß. Das Ganze erinnert an die bunten Fenster, wie sie sich manchmal in einer Kirche befinden. An der hellen Stelle könnte ein Licht durchstrahlen. Es erhellt den Raum, zu dem das bunte Fenster gehört.

Darunter steht „himmlisch“, das ist der Titel des Schulbuches. Wenn du genau hinschaust, spiegeln sich die Buchstaben des Titels ganz zart.

Dieses Buch will dir etwas über Religion zeigen. Es will dir zeigen, wo „Himmlisches“, „Göttliches“, wo Gott in deinem Leben aufstrahlen und es hell machen kann. Es will dir auch helfen, immer wieder Licht in deinem Leben zu sehen, und ein wenig dazu beitragen, dass dein Größer- und Älterwerden gelingt.

Ebenso zart wie die Spiegelung des Titels fordert dich das Buch an manchen Stellen auf, etwas „Himmlisches“ zu entdecken – in deiner Umgebung, unter den Menschen und in deinem Leben.

Alle Kapitel von **himmlisch 5** haben den gleichen Aufbau:

- Das Bild und die Informationen auf der ersten Doppelseite zeigen dir, um welches Thema es gehen wird.
- Die zweite Doppelseite fordert dich auf zu zeigen, was du schon kannst und zum Thema bereits weißt.
- Es folgen einige Doppelseiten mit vielen bunten Einzelheiten zum Thema. Es wird hoffentlich Neues und Spannendes für dich zu finden sein.
- Am Ende des Kapitels steht die Doppelseite „Zeigt, was ihr könnt!“. Hier findest du Material, um dein Wissen und Können zu überprüfen und anzuwenden.

Nach den fünf Kapiteln kannst du hilfreiche Methoden nachlesen. In den Kapiteln verweisen > Pfeile bei den entsprechenden Wörtern auf sie. Außerdem siehst du hin und wieder ein Sternchen * bei einem unbekannten oder schwierigen Wort. Dies kannst du im Lexikon hinten im Buch nachschlagen. Dort sind die Wörter nach dem Alphabet geordnet.

Wir wünschen dir einen „himmlischen“ Religionsunterricht!

Deine Autorinnen und Autoren

Inhalt

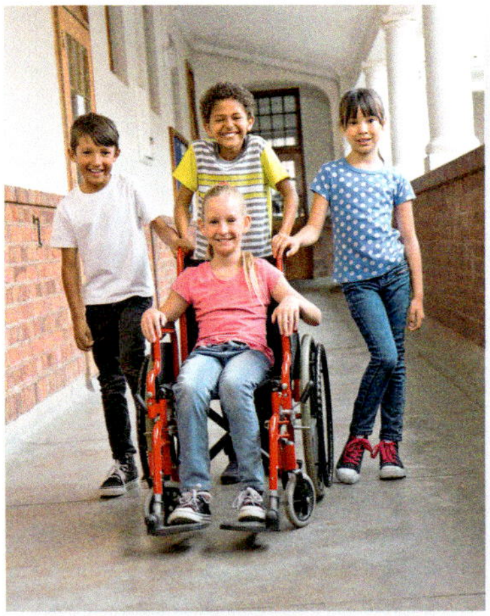

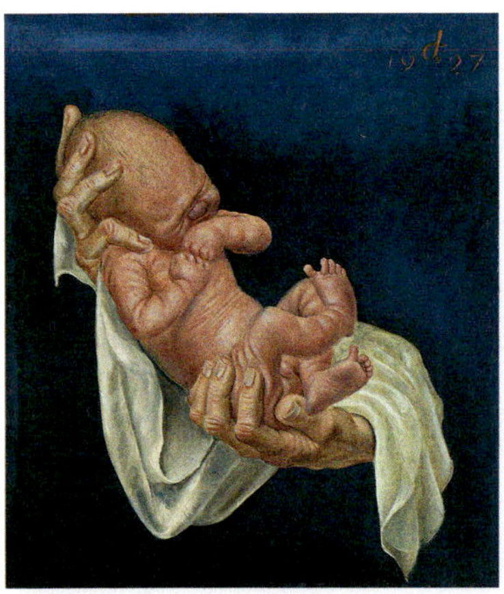

4 Jesus von Nazaret – Leben und Botschaft 70

5 Kirche – Haus und Gemeinde Gottes 90

1 Wir sind bunt – na und!

Du bist da: Gut, dass es dich gibt.

An jedem Morgen lächele mindestens einmal!

Du bist, wie du bist.

Ich bin einzigartig, du bist einzigartig.

Wir sind verschieden und bleiben es.

Miteinander können wir leben und lernen.

Ich bin da: Gut, dass es mich gibt.

Ich kann viel (lernen).

Zusammen können wir von uns erzählen und zu Gott sprechen.

1 Lies die Aussagen und bringe sie in eine Reihenfolge. Beginne mit dem Satz, der dir am wichtigsten ist.

2 Schreibe die Sätze bunt auf ein Blatt Papier. Ziehe Linien zwischen den Aussagen, die für dich zusammengehören.

3 Betrachte das Bild. Lass die Schülerinnen und Schüler sprechen.

4 Bildet selbst kleine, „bunte“ Gruppen und macht Fotos von euch. Vergleicht die Bilder.

5 Gestaltet gemeinsam ein > Plakat von eurer Reli-Gruppe mit dem Titel „Wir sind bunt“.

Das weißt du schon – miteinander Leben gestalten

ICH

WIR

DU

1 Schau dir die Bilder und Wörter auf dieser Seite an. Was fällt dir spontan auf? Überlege, warum dir gerade dieses Bild, dieses Wort aufgefallen ist, und sprecht in der Reli-Gruppe darüber.

2 Gestaltet > Standbilder zu den Wörtern „ich – du – wir" und vergleicht sie. Benennt die Unterschiede.

3 Suche Überschriften für die Bilder und schreibe zu einem dieser Bilder eine Geschichte. Achtet darauf, dass möglichst zu allen Bildern Geschichten entstehen. Stellt eure Geschichten anschließend in Kleingruppen vor.

4 Zeichne auf dünne Pappe oder Papier ein Kleeblatt (10–15 cm groß) mit vier Blättern. Schreibe deinen Namen in die Mitte.
Beantworte auf den vier Blättern folgende Fragen:
- Was tue ich gern?
- Was tue ich nicht gern?
- Was möchte ich unbedingt können?
- Was gefällt mir an mir?

Dieses Kleeblatt zeigt deine Einzigartigkeit. Vielleicht bringt es dir Glück. Schneide es aus. Fügt die Kleeblätter eurer Reli-Gruppe zu einem Mobile zusammen. Wenn ihr wollt, könnt ihr die Namen auch weglassen.

5 Ergänze die folgenden Sätze in deinem > Heft:
- Alleine bin ich ...
- Du bist für mich ...
- Mit anderen kann ich ...

Vergleiche die Sätze anschließend mit deiner Nachbarin, deinem Nachbarn.

6 Schreibe deinen Namen in die Mitte einer leeren Seite in deinem Heft. Schreibe nun die Namen der Menschen auf, mit denen du zu tun hast. Je wichtiger sie für dich sind, desto näher schreibe sie zu deinem Namen. Vergleiche die Seite mit der einer Mitschülerin oder eines Mitschülers. Was fällt euch auf? Sprecht darüber.

7 Bring Bilder mit, die zeigen, wen du meinst, wenn du „wir" sagst: z. B. deine Familie, deine Freundinnen oder Freunde, ein Fest mit Verwandten, deine Mannschaft ...

Zusammenkommen – einander kennenlernen

Wir vernetzen uns

Setzt euch in einen Stuhlkreis. Die erste Schülerin, der erste Schüler hat ein Wollknäuel in der Hand und stellt sich vor. Danach hält sie oder er das Fadenende fest und wirft einer anderen Schülerin oder einem anderen Schüler das Knäuel zu. Wiederholt dies, bis sich alle vorgestellt haben und ein Wollfadennetz entstanden ist.

Experimentiert mit eurem Netz:
- Steht gemeinsam auf und setzt euch wieder.
- Einer oder zwei von euch lassen das Netz los – und nehmen es dann wieder auf.
- Zieht von einer Seite aus am Netz.
- Legt einen mittelgroßen, leichten Gegenstand (z. B. einen Zeichenblock) auf verschiedene Stellen des Netzes.
- Bewegt das Netz so, dass sich kleine Wellen ergeben.
- Gebt das Netz zusammen auf ein Kommando vorsichtig an die Mitschülerin oder den Mitschüler rechts von euch weiter.
- Haltet das Netz so hoch ihr könnt. Dann lassen zwei, die sich gegenüberstehen, los und tauschen ihre Plätze, indem sie unter dem Netz hindurchgehen.

1 Steht nun mit dem Netz in der Hand auf und schaut euch das Netz mit seinen vielen Verbindungen an. Welche Bedeutungen können einzelne Experimente mit dem Netz haben? Tauscht euch darüber aus.

2 Sprecht darüber, warum es wichtig ist, mit anderen gut vernetzt zu sein.

3 Miteinandersein kann viele Folgen haben. Entdecke einige von ihnen in den Ameisenbildern auf S. 11. Malt ähnliche Bilder.

4 Setzt das Spiel dann in umgekehrter Reihenfolge fort. Dabei muss das Knäuel wieder aufgewickelt werden. Ihr müsst also genau schauen, wer es euch zugeworfen hat.

Hin und her

Stellt euch in einer Reihe auf. Sortiert euch immer wieder neu nach verschiedenen Eigenschaften, z. B.: Alter, Geburtsmonat, alphabetisch nach Name ... Überlegt weitere Möglichkeiten. Am besten sucht ihr euch für dieses Spiel einen schönen Platz, z. B. im Pausenhof.

Knoten

Alle stehen im Kreis, strecken mit geschlossenen Augen ihre Hände nach innen und bewegen sich langsam auf die Mitspieler zu, bis sich die Fingerspitzen berühren. Jeder Spieler fasst nun zwei zufällig gewählte andere Hände (mit jeder Hand eine) und hält sie fest. Öffnet die Augen wieder. Nun muss das entstandene Knäuel entknotet werden, ohne dass sich die Hände loslassen. Durch Drehen, Darübersteigen und unten Durchkrabbeln steht ihr nach einiger Zeit wieder im Kreis.

Aufstehen

Zwei Personen sitzen mit angewinkelten Beinen Rücken an Rücken und müssen versuchen gemeinsam aufzustehen, ohne die Arme zu Hilfe zu nehmen.

Bedenkzeit

Setzt euch zu Beginn der Religionsstunde zusammen und überdenkt euren Tag. Einiges ist schon gewesen, anderes kommt noch. Erzählt einander davon.

Brotzeit einmal anders

Plant für die nächste Religionsstunde eine gemeinsame Brotzeit. Überlegt miteinander, was es dazu alles braucht und wer was mitbringt.

Ich bin einmalig

Jeder, der schon einmal einen Krimi gesehen hat, weiß es: Kein Fingerabdruck ist wie der andere. Durch ihn unterscheiden wir uns von allen anderen Menschen. Aber das ist nicht das Einzige, was uns unterscheidet. Was wir denken und tun, wie wir aussehen und was uns schmeckt, wo es uns gefällt und welche Musik wir gerne hören: All diese Dinge zusammen machen jeden von uns einmalig.

1 Mache einen Fingerabdruck von dir auf eine Seite in deinem > Heft.
Du findest sicher einen Weg auch ohne Stempelkissen. Probiere es aber vorher auf einem Schmierblatt aus.

2 Schreibe um deinen Fingerabdruck herum, was dich einmalig macht:
wer du bist, wodurch du dich von anderen unterscheidest, was du magst und was nicht.
Dir fallen bestimmt noch viele Dinge ein.

Älter werden – ich bleibe ich

Veränderungen Rückzug das nervt Freunde Wachstumsschub Zukunft
Gespräche beste Freundin selbstständig erste Liebe Launen Ablehnung
Eltern Zweifel Schneckenhaus Schmerz Körper Aufklärung Sinnlosigkeit
Machtkampf Druck **Pubertät** Erwartungen Geschwister Vorwürfe
weinen Ängste Mut Wünsche diskutieren provozieren Unsicherheit
sich zurückziehen alles doof Zickenkrieg alles blöd rote Lippen

Was passiert eigentlich – im Körper, im Kopf ...?

Bist du zwischen 10 und 13 Jahren alt? Hast du manchmal ein komisches Gefühl, wenn du in dich hineinhorchst?
In der Pubertät werden viele Veränderungen im Körper in Gang gesetzt. Das kann überraschen, verunsichern und auch empfindlicher machen.
Manchmal verstehst du dich vielleicht selbst nicht mehr, und von anderen fühlst du dich sowieso nicht verstanden. Das geht vielen Mädchen und Jungen so – und das ist in Ordnung!

Aufbrechen in Unbekanntes und Schönes

In den nächsten Jahren wirst du mit den Veränderungen deines Körpers gut zurechtkommen, obwohl es auch sehr anstrengend werden kann und du jetzt noch nicht genau weißt, wie es werden wird.
Was auch kommt, es gibt Menschen, die an deiner Seite stehen. Christen glauben, dass Gott sie begleitet, z. B. durch Menschen, die mit ihnen gehen:

... denn ich will euch eine Zukunft und eine Hoffnung geben. Jer 29,11b

3 Suche dir aus dem Wortfeld „Pubertät“ 3–5 Wörter heraus, die du am interessantesten findest, und schreibe sie jeweils auf eine Wortkarte. Setzt euch in Mädchen- und Jungengruppen zusammen und tauscht euch über die ausgewählten Wörter aus.

4 Ein Auf und Ab der Gefühle hast du vielleicht auch schon erlebt. Zeichne ein Gefühls-Karussell in dein Heft; verwende für die verschiedenen Gefühle unterschiedliche Farben und die abgebildeten Emoticons.

5 Gestalte eine > Collage zum Thema „Ich bin jung und will erwachsen werden“ und berücksichtige dabei Gottes Zusage in Jer 29,11b.

Ich und du: Wir sind von Gott gewollt

Psalm* 139

1 Von David. Ein Psalm.
Herr, du hast mich erforscht und kennst mich.
2 Ob ich sitze oder stehe, du kennst es.
Du durchschaust meine Gedanken von fern.
3 Ob ich gehe oder ruhe, du hast es gemessen.
Du bist vertraut mit all meinen Wegen.
4 Ja, noch nicht ist das Wort auf meiner Zunge,
siehe, Herr, da hast du es schon völlig erkannt.
5 Von hinten und von vorn hast du mich umschlossen,
hast auf mich deine Hand gelegt.
(...)
13 Du selbst hast mein Innerstes geschaffen,
hast mich gewoben im Schoß meiner Mutter.
14 Ich danke dir, dass ich so staunenswert und wunderbar gestaltet bin.
Ich weiß es genau: Wunderbar sind deine Werke.

Ps 139,1b–5.13–14

1 Psalm 139 steht im Alten Testament. Lies die Verse und erzähle in einigen Sätzen, was der Psalm sagen will.

2 Schlage auf S. 67 im Kapitel 3 nach. Dort findest du verschiedene Anregungen, um mit einem Psalm zu arbeiten. Suche dir eine Möglichkeit aus, um die Verse des Psalms 139 zu bearbeiten. Beginne mit einem Satz oder Satzteil, der dir besonders gut gefällt.

3 Zeichne ein Bild, das dich als einen „Gedanken Gottes" zeigt. Die Psalmverse und das Lied „Du bist du" (S. 15) können dir helfen, das Bild zu gestalten.

4 Schreibe „Du bist du. Das ist der Clou" in großen Buchstaben auf ein Blatt und klebe es mit einem Klebestreifen auf den Rücken einer Mitschülerin oder eines Mitschülers. Besprecht dann, was jeden Einzelnen von euch zu einem Clou (einem Knüller, einer Sensation) macht.

5 In der dritten Strophe steht: „Du bist reich, egal ob mit, ob ohne Geld." Erkläre dies in drei Sätzen, die du aufschreibst.

Du bist du

Originaltitel: I Got You; T/M: Paul Janz, Deutscher Text: Jürgen Werth

2. Vergiss es nie:
Niemand denkt und fühlt und handelt so wie du,
und niemand lächelt so, wie du's grad tust.
Vergiss es nie:
Niemand sieht den Himmel ganz genau wie du,
und niemand hat je, was du weißt, gewusst.

3. Vergiss es nie:
Dein Gesicht hat niemand sonst auf dieser Welt,
und solche Augen hast alleine du.
Vergiss es nie:
Du bist reich, egal, ob mit, ob ohne Geld,
denn du kannst leben! Niemand lebt wie du.

Mein Name – mehr als nur ein Name

Namenstag feiern

Jede und jeder von uns hat einen Namen. Unsere Eltern haben ihn für uns ausgesucht. Sicher hatten deine Eltern einen Grund, warum sie deinen Namen für dich gewählt haben. Auch heute ist es oft noch üblich, das Kind nach einem Heiligen zu nennen. Damit wurde das Kind in besonderer Weise diesem Heiligen anvertraut. Die Namenspatronin oder der Namenspatron sollte das Kind begleiten, es beschützen und ein Vorbild im Glauben an Jesus Christus sein.

Einen Heiligen, der für seine Güte und Liebe bekannt war, kennen alle noch heute: den heiligen Nikolaus. Von seinem Namen leiten sich eine Vielzahl heutiger Namen ab, z. B.:

Nicole Nikola Nicola Nicol Nicki Niklaus Nicollò Niko Nico Klaas Nils Niklas Niels Nikolaj Nicolas Nicolaas Nick Nicholas Colin Nicolo Nic Nik Nikolaiv Miklós Nicklas Nikolas Nicolai Nicolaus Niki Nicky Nikos Niccolò Niclas Klaus Kolja Collin Nickolas Nicolás Nicklau

Jeden Heiligen feiern wir an einem bestimmten Tag im Jahr. Dieser Tag steht im Heiligenkalender (siehe S. 17). An dem Tag des Heiligen, der den eigenen Namen trägt, feiern Christen ihren Namenstag. Sie zeigen, wie sie zusammen mit den Heiligen mit Christus verbunden sind.

1 Informiere dich in einem Heiligenlexikon oder im Internet über deinen Namenspatron oder einen Heiligen, dessen Name deinem ähnlich ist. Erkläre, warum die Kirche diesen Menschen heiliggesprochen hat.

2 Manche Menschen feiern ihren Namenstag. Überlege Gründe dafür. Vielleicht feiern auch Mitschülerinnen oder Mitschüler von euch den Namenstag. Lasst euch davon > erzählen.

3 Überlegt miteinander, wie eine Namenstagsfeier gestaltet werden könnte:
- Bastelt Einladungskarten, die zu euren Namen und dem Namenspatron passen.
- Ihr könnt eure Taufkerzen oder eine andere Kerze entzünden, von eurem Namenspatron erzählen, euch ein Spiel ausdenken …

4 Die Bilder auf S. 17 zeigen drei bekannte Heilige: Eine Heilige hat einen Korb voller Rosen, die andere einen Turm mit drei Fenstern, einem Kelch und einer Hostie in der Hand. Der dritte Heilige trägt einen Bischofsstab. Finde mithilfe eines Heiligenlexikons ihre Namen heraus. Suche ihren Festtag.

Heiligenkalender

November	
1	Harald
2	Angela
3	Rupert, Hubert, Silvia
4	Karl, Carola, Reinhard
5	Bernhard
6	Leonhard, Rudolf
7	Engelbert, Carina
8	Gottfried, Claudia
9	Thorsten, Roland
10	Leo, Johannes, Justus
11	Martin
12	Kunibert
13	Stanislaus
14	Alberich
15	Albert
16	Margarete, Otmar
17	Gertrud, Hilda, Hiltrud
18	Odo, Udo
19	Elisabeth
20	Korbinian
21	Amalberga
22	Cäcilia, Silja
23	Kolumban, Felicitas
24	Flora
25	Katharina
26	Konrad, Gebhard, Ida
27	Oda, Jakob
28	Berta, Gerhard
29	Friedrich, Jolanda, Jutta
30	Andreas

Dezember	
1	Natalie, Natascha
2	Bibiana (Vivien)
3	Franz Xaver
4	Barbara
5	Anno, Niels
6	Nikolaus
7	Ambrosius
8	Sabine, Edith
9	Valeria
10	Angelina
11	Tassilo, Arthur
12	Jennifer, Jessica
13	Luzia
14	Johannes, Bertold
15	Christiane, Kirstin, Nina
16	Adelheid
17	Lazarus
18	Philipp
19	Benjamin, Susanna
20	Dominikus, Heinrich
21	Richard
22	Jutta
23	Victoria, Yvonne
24	Adam und Eva
25	Anastasia
26	Stephan(us)
27	Johannes
28	Julius
29	David, Tamara
30	Felix, Irina, Margot
31	Silvester

5 Hier siehst du einen Heiligenkalender für die Monate November und Dezember. Manche Tage haben ihren Namen von dem Heiligen, der an ihnen gefeiert wird. Finde heraus, für welche Tage im Dezember dies gilt.
Als Tipp: Es sind zwei Tage.

Gewohnheiten und Rituale

Gewohnheiten im Alltag

morgens aufstehen

duschen oder sich waschen

frühstücken

zur Schule gehen:

- Ich verabschiede mich und gehe zur Bushaltestelle.
- Ich zeige dem Busfahrer meine Fahrkarte.
- Ich setze mich in die dritte Reihe neben meine beste Freundin/meinen besten Freund.
- Ich komme in der Schule an und schaue in der Pausenhalle auf den Monitor für den Vertretungsplan.
- Im Klassenzimmer frage ich meine Freundin/meinen Freund: „Hast du alle Hausaufgaben gemacht?“
- Unser Lehrer kommt ins Klassenzimmer und begrüßt uns; eine Schülerin oder ein Schüler geht ins Sekretariat und fragt, ob die Fehlenden entschuldigt sind.
- Das besondere Ritual: Wir stehen auf und beten gemeinsam.

Dies sind einige Beispiele für Gewohnheiten, die viele Schülerinnen und Schüler an jedem Schultag in unterschiedlicher Weise ausführen. Wenn du etwas regelmäßig auf die genau gleiche Weise tust – z. B. die Busfahrerin immer mit den gleichen Bewegungen und Worten begrüßt –, ist dies ein Ritual.

Auch im Christentum gibt es Rituale, z. B. das Gebet am Morgen oder Abend. Es zeigt durch Worte und Körperhaltung, wie Christen ihren Tag, ihr Leben mit Gott verbinden. Auch wenn sie an Weihnachten oder Ostern ihren Glauben feiern, gehören Rituale dazu: in den Gottesdienst gehen, Kerzen entzünden usw.

1 Sammle weitere Beispiele für Gewohnheiten und Rituale aus deinem Alltag: z. B. zu Hause, mit Freunden oder im Verein, die täglich oder wöchentlich oder jährlich wiederkehren. Schreibe jede Gewohnheit sowie jedes Ritual auf eine Wortkarte. Tragt die Karten in eurer Reli-Gruppe zusammen und sortiert sie.

2 Überlegt euch in kleinen Gruppen Rituale, die ihr einübt und der gesamten Klasse drei Mal auf ganz gleiche Weise vorspielt. Beim vierten Vorspiel baut ihr eine Störung ein. Sprecht zusammen über die Wirkung dieser Störung.

3 Überlegt in Gruppen, warum Menschen Rituale brauchen. Erstellt dazu eine > Mindmap.

Rituale im Schulalltag

Im Schulalltag und im Religionsunterricht gibt es Rituale. Einige kennt ihr:

- den Morgenkreis am Montagmorgen
- die Begrüßung am Anfang und die Verabschiedung am Ende einer Schulstunde
- das Gebet zu Beginn eines Schultages
- Rituale zu Beginn einer Religionsstunde
- ein Segensritual – an jedem Morgen, zu Beginn des neuen Schuljahres …

Ein Segensritual setzt sich aus einem Segensgebet sowie damit verbundenen Bewegungen und Körperhaltungen zusammen.

Bewegungen zum Segensgebet
Die Bewegungen dazu sind genau geregelt, z. B.: Während des Segens stehen alle Beteiligten. Die Person, die den Segen erteilt, führt am Schluss des Gebets mit der rechten Hand das segnende Kreuzzeichen aus. Die anderen machen ein einfaches Kreuzzeichen mit.

Ein Segensgebet:

Segne mich, guter Gott,
und alles, was ich heute in die Hand nehme.
Segne mein Lernen in der Schule,
damit es gelingt.
Segne meine Gedanken,
damit ich heute gut über die Menschen denke.
Segne meine Worte,
damit sie anderen wichtig sind.
Segne alle Menschen,
die ich in meinem Herzen trage.
Um diesen Segen bitte ich
im Namen des Vaters, des Sohnes und des
Heiligen Geistes. Amen.

nach Anselm Grün

4 Ihr habt bereits Rituale auf Wortkarten gesammelt. Sucht nun aus dieser Sammlung Rituale für eure Religionsstunden heraus. Überlegt zusammen, wie ihr ein Ritual aus Worten und Körperhaltungen gestalten könnt.

5 Schreibe einen eigenen Gebetstext, der jeden Einzelnen von euch und eure ganze Gruppe stärken kann. Diese Satzanfänge können dir helfen:
„Guter Gott, es gibt viele Menschen, die …“
„Guter Gott, wir wollen …, aber …“
„Guter Gott, heute denken wir an … und bitten …“

6 Formuliere einen Segenstext, der dich durch das Schuljahr begleitet. Schreibe ihn auf eine kleine Karte, die du z. B. in deinem Federmäppchen aufbewahren kannst.

WIR – fasten und essen

In verschiedenen Bereichen des Alltags begegnen euch Spuren anderer Religionen. Auch in eurer Schule lernt ihr zusammen mit Kindern, die anderen Religionen angehören, z. B. dem Islam. Manches kommt euch fremd vor.

Fasten: bei Christen und Muslimen

Christen haben eine Fastenzeit, die 40 Tage im Jahr dauert. Sie beginnt am Aschermittwoch und endet mit dem Samstag vor Ostern. Wenn man diese Tage im Kalender nachzählt, kommt man auf 46 Tage. Es sind 40 Werktage und 6 Sonntage. Die Sonntage sind im Christentum immer ein Tag der Freude, an ihnen wird nicht gefastet: Denn am Sonntag feiern Christen, dass Jesus von den Toten auferstanden ist. An den Werktagen entscheiden viele Christen selbst, wie sie fasten möchten oder auf welche Gewohnheit sie verzichten wollen, z. B. auf Fleisch, Süßigkeiten, Fernsehen, Handy …

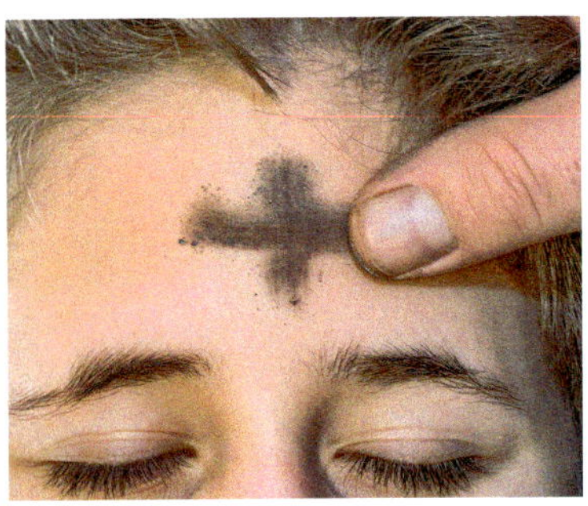

Fasten heißt aber auch, mal etwas anders zu machen: anderen Menschen freundlich begegnen, Ruhe finden, sich selbst ändern.

Auch Muslime haben eine Fastenzeit. Sie fasten einen ganzen Monat lang im Jahr. Der Fastenmonat heißt Ramadan. In dieser Zeit beginnt das Fasten jeden Tag mit der Morgendämmerung und endet, wenn die Sonne untergeht. Die Muslime, die das Fasten einhalten, essen und trinken den ganzen Tag lang nichts. In der Nacht wird nicht gefastet, sondern gegessen und getrunken. Am Tag lesen viele gläubige Muslime im Koran, dem heiligen Buch des Islam. In zahlreichen Familien hat dieses Buch einen besonderen Platz in der Wohnung. Es steht auf einem Koranständer. So können die Seiten von allen gelesen werden. Im Fastenmonat Ramadan leben Muslime ihren Glauben in besonderer Weise.

1 Tauscht euch in Gruppen über die christliche Fastenzeit aus.
Entwerft > Plakate, die eure Gewohnheiten zeigen. Überlegt, worauf ihr verzichten und wie ihr neue Wege gehen könntet.

2 Das Bild oben zeigt ein Ritual der katholischen Christen zur Feier des Aschermittwochs. Informiere dich im Internet oder im Gotteslob – so heißt das Gebet- und Gesangbuch der katholischen Kirche –, wie Katholiken den ersten Tag der Fastenzeit feiern.

Essen: „helal“ oder „haram“?

Übersetzt heißt die Überschrift „helal“ (auch: halal) oder „haram“: „erlaubt“ oder „verboten“. Speisevorschriften beeinflussen den Alltag der muslimischen Mitschülerinnen und Mitschüler. Das erscheint vielen Christen merkwürdig.

Muslime dürfen kein Schweinefleisch und keine Produkte essen, in denen Schweinefleisch verarbeitet wird – z. B. Gelatine. Das Verbot steht als ein Wort Gottes im Koran. Das Foto unten bezieht sich auf diese Vorschrift.

Christen haben keine bestimmten Speisevorschriften.

3 Der Ramadan-Tisch wurde von Schülerinnen und Schülern für einen Schulhof gestaltet. Erkläre die Unterteilungen und die Gegenstände darauf.

4 Informiere dich bei deinen muslimischen Mitschülerinnen und Mitschülern, wie sie den Fastenmonat Ramadan begehen und wie sich ihr Alltag in dieser Zeit verändert.

5 Erkundige dich auch, wie Muslime im Alltag mit den Speiseregeln umgehen: Worauf müssen sie beim Einkaufen, bei der Zubereitung der Mahlzeiten, beim Essen in der Schulkantine oder beim Besuch einer Imbissbude achten?

6 Ihr plant ein Schulfest oder ein Klassenfest, bei dem in der Schulküche gekocht oder auch gegrillt werden soll. Stellt eine Einkaufsliste zusammen und überprüft, ob sie für eure muslimischen Mitschülerinnen und Mitschüler passt. Sucht dann nach einem guten Zeitpunkt für euer gemeinsames Fest.

Verschiedensein an unserer Schule

Zusammen oder getrennt?

Der Religionsunterricht in der Schule findet in unterschiedlichen Gruppen statt. Es gibt z. B. katholischen und evangelischen Religionsunterricht. In der Ethikgruppe sind Schülerinnen und Schüler aus weiteren Religionen und diejenigen, die keiner Religionsgemeinschaft angehören.

Verschiedene Religionen haben auch unterschiedliche Festzeiten und Regeln. Das könnt ihr auch an eurer Schule erleben.

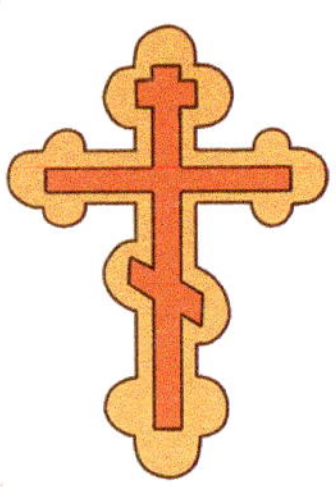

Konstantinos hat gewechselt
Er gehört der griechisch-orthodoxen Kirche an und hat zunächst als Gast am katholischen Religionsunterricht teilgenommen. Nun wechselt er in den orthodoxen Religionsunterricht, der an seiner Schule neu eingerichtet wird. Sie haben jetzt auch ein eigenes Religionsbuch.

Fatma und Murat haben morgen frei
Morgen werden einige Kinder in der Klasse fehlen: Murat und Fatma müssen nicht in die Schule, denn sie sind Muslime und bekommen für das Fest des Fastenbrechens schulfrei.

David hat am Nachmittag Religionsunterricht
David nimmt nicht am Religionsunterricht teil. Aber er geht an einem Nachmittag noch in die Synagoge. Das ist das Gebetshaus der Juden. Dort hat er „seinen" Religionsunterricht, den es an der Schule nicht gibt.

1 In der Schule gehört ihr einer Klasse an, die in vielen Fächern gemeinsam am Unterricht teilnimmt. Im Religionsunterricht ist dies anders. Besprecht die Gründe, die für oder gegen eine Aufteilung im Fach Religion sprechen.

2 In eurer Reli-Gruppe befinden sich vielleicht Schülerinnen und Schüler, die aus einem anderen Land kommen und eine andere Sprache sprechen. Sammelt einige Wörter in den verschiedenen Sprachen, die im Religionsunterricht wichtig sein können, z. B.: bitte, danke, Gott, beten, Gemeinschaft ...

3 Singt ein Lied in der Sprache von Mitschülerinnen oder Mitschülern, die nicht aus Deutschland kommen.

4 Lasst euch ein Gebet – z. B. das Vaterunser – in einer anderen Sprache vorsprechen. Ihr könnt es auch gemeinsam in verschiedenen Sprachen beten.

Wir sind bunt

5 Beschreibe die Grafik. Beachte das Verhältnis der blauen Spielsteine zu den anderen.

6 Eine Gruppe von Schülerinnen und Schülern, die sich schon lange kennt, will Völkerball spielen. Da kommt eine andere Gruppe hinzu, die aus Jungen und Mädchen aus verschiedenen Ländern mit unterschiedlichen Fähigkeiten besteht. Die Grafik zeigt vier Möglichkeiten, wie sich beide Gruppen zueinander verhalten können.
- Erkläre sie deinem Banknachbarn.
- Bewerte die Möglichkeiten und bringe sie in eine Reihenfolge.
- Tauscht euch über eure Erklärungen und Bewertungen in der Reli-Gruppe aus.

7 Wenn alle mit ihren eigenen Fähigkeiten in der Schule, beim Spiel oder anderswo einbezogen sind und mitmachen können, nennt sich dies „Inklusion*“. Finde das Bild in der Grafik, das Inklusion zeigt. Gib den anderen drei Bildern auch je eine Überschrift, die sie kennzeichnet.

8 In vielen Klassen gibt es Schülerinnen und Schüler mit Einschränkungen: Sie können z. B. schlecht sehen, hören oder gehen. Besprecht mit ihnen, wie sie mit der Einschränkung umgehen und was ihr von ihnen lernen könnt.

9 Erkundige dich, welche Bedeutung Inklusion an eurer Schule hat. Was gelingt schon gut, worauf müsste in eurer Schulgemeinschaft mehr geachtet werden? Sammelt eure Vorschläge auf zwei > Plakaten und sprecht mit eurer Schulleitung darüber.

WIR – auch Schwachsein zählt

Ein Apostel* Jesu – er heißt Paulus – schreibt einen Brief an eine christliche Gemeinde in der griechischen Stadt Korinth. Dort leben viele unterschiedliche Menschen. Einige sind frei, andere sind Sklaven, die für ihre Besitzer arbeiten müssen. In seinem Brief nimmt Paulus diese Situation auf:

12 Denn wie der Leib einer ist, doch viele
Glieder hat, alle Glieder des Leibes aber,
obgleich es viele sind, einen einzigen Leib
bilden: So ist es auch mit Christus.
13 Durch den einen Geist wurden wir in der
Taufe alle in einen einzigen Leib aufgenom-
men, Juden und Griechen, Sklaven und Freie;
und alle wurden wir mit dem einen Geist
getränkt.
14 Auch der Leib besteht nicht nur aus einem
Glied, sondern aus vielen Gliedern.
15 *Wenn der Fuß sagt: Ich bin keine Hand,*
ich gehöre nicht zum Leib!, so gehört er doch
zum Leib.
16 *Und wenn das Ohr sagt: Ich bin kein Auge,*
ich gehöre nicht zum Leib!, so gehört es doch
zum Leib.
17 *Wenn der ganze Leib nur Auge wäre, wo*
bliebe dann das Gehör? Wenn er nur Gehör
wäre, wo bliebe dann der Geruchssinn?
18 *Nun aber hat Gott jedes einzelne Glied*
so in den Leib eingefügt, wie es seiner Absicht
entsprach.
19 *Wären alle zusammen nur ein Glied, wo*
bliebe dann der Leib?
20 *So aber gibt es viele Glieder und doch nur*
einen Leib.
21 *Das Auge kann nicht zur Hand sagen:*
Ich brauche dich nicht. Der Kopf wiederum
kann nicht zu den Füßen sagen: Ich brauche
euch nicht.
22 **Im Gegenteil, gerade die schwächer**
scheinenden Glieder des Leibes sind unent-
behrlich.
23 Denen, die wir für weniger edel ansehen,
erweisen wir umso mehr Ehre und unseren
weniger anständigen Gliedern begegnen wir
mit umso mehr Anstand,
24 während die anständigen das nicht nötig
haben. **Gott aber hat den Leib so zusam-**
mengefügt, dass er dem benachteiligten
Glied mehr Ehre zukommen ließ,
25 damit im Leib kein Zwiespalt entstehe,
sondern alle Glieder einträchtig füreinander
sorgen.
26 Wenn darum ein Glied leidet, leiden
alle Glieder mit; wenn ein Glied geehrt wird,
freuen sich alle Glieder mit.
27 Ihr aber seid der Leib Christi und jeder
Einzelne ist ein Glied an ihm.

1 Kor 12,12–27

1 Der Ausschnitt aus dem Brief des Paulus ist hier mit drei Schrifttypen abgedruckt. Drei von euch lesen den Briefausschnitt laut vor.

2 Versetze dich in die Lage eines Körperteils und beschreibe den Körper, z. B.: Ich bin die Nase und wichtig für den Körper, weil …

3 Ein Körperteil kann schwach werden oder ganz ausfallen. Erkläre, was dies für den ganzen Körper bedeuten kann.

4 Paulus schreibt, was alle wissen: Ein menschlicher Körper hat verschiedene Teile, die nur zusammen und mit verschiedenen Aufgaben den Körper bilden. Aber Paulus beschreibt den Körper als ein Bild, das für vieles andere steht. Besprecht, was Paulus mit dem Bild aussagt.

5 Paulus schreibt: „Im Gegenteil, gerade die schwächer erscheinenden Glieder des Leibes sind unentbehrlich."
Eine Kette – eine Gemeinschaft, eine Gruppe – ist nur so fest und so stark wie ihr schwächstes Glied. Erkläre, was dies für eine Mannschaft, das Spiel auf dem Pausenhof bedeutet.

6 Bildet in eurem Klassenraum eine Kette, indem ihr euch in einer Reihe aufstellt und an den Händen fasst. Diejenigen, die am Anfang und am Ende der Kette stehen, ziehen in ihre Richtung. Probiert **vorsichtig** verschiedene Möglichkeiten aus, damit ihr gut ziehen könnt, die Kette aber **auf keinen Fall** auseinanderreißt. Besprecht, auf wen es besonders ankommt und was hier Rücksicht bedeutet.

7 Paulus schreibt auch: „Wenn ein Glied geehrt wird, freuen sich alle Glieder mit."
In diesem Kapitel gibt es einige Vorschläge, wie ihr jedes Mitglied eurer Reli-Gruppe ehren und anerkennen könnt. Schaut das Kapitel durch, sammelt sie und besprecht, wie die Vorschläge zum Satz des Paulus passen.

Zeigt, was ihr könnt!

Ein Logo für eure Reli-Gruppe

Ein Logo ist ein Zeichen, mit dem sich eine Person, eine Gruppe oder eine Organisation kurz darstellt. Wenn andere das Logo sehen, sollen sie schnell erkennen, wen es bezeichnet. Ein Logo kann entweder nur gezeichnet sein oder auch einige Worte besitzen.

- Suche das Logo deiner Schule. Wo wird es verwendet?
- Entwerft in kleinen Gruppen ein Logo für eure Reli-Gruppe. Mit ihm soll schnell erkennbar sein, dass ihr eine bunte Gruppe des katholischen Religionsunterrichts seid.
- Stellt eure Entwürfe vor und einigt euch in der gesamten Reli-Gruppe auf ein gemeinsames Logo. Übertragt es auf ein großes Blatt.
- Bringt das Logo vor jeder Religionsstunde an einer gut sichtbaren Stelle eures Raums an.

Eine Geschichte von euch erzählen

Die kleine Schraube im großen Schiff

Auf einem riesigen Schiff gab es eine kleine Schraube, die mit vielen anderen kleinen Schrauben zwei große Stahlplatten miteinander verband. Diese kleine Schraube fing an, mitten auf dem Ozean etwas lockerer zu werden, und drohte herauszufallen. Da sagten die nächsten Schrauben um sie herum: „Wenn du herausfällst, dann gehen wir auch.“ Und die Nägel im Inneren des Schiffskörpers sagten: „Uns wird es auch zu eng, wir lockern uns auch ein wenig.“

Als die großen eisernen Rippen das hörten, riefen sie: „Um Gottes willen, bleibt! Denn wenn ihr nicht mehr haltet, dann ist es um uns geschehen.“ Und das Gerücht vom Vorhaben der kleinen Schraube verbreitete sich blitzschnell durch den ganzen riesigen Körper des Schiffes.

Da beschlossen sämtliche Rippen und Platten und Schrauben und auch die kleinsten Nägel, eine gemeinsame Botschaft an die kleine Schraube zu senden, sie möge doch bleiben; denn sonst würde das ganze Schiff bersten und keine von ihnen den Heimathafen erreichen. Das schmeichelte der kleinen Schraube, dass ihr solch große Bedeutung beigemessen wurde, und sie ließ sagen, sie wolle sitzen bleiben.

- Besprecht gemeinsam, warum diese Geschichte auch von euch erzählt.
- Benenne Gemeinsamkeiten und Unterschiede dieser Geschichte zu dem Brief des Apostels* Paulus auf S. 24.

- > Erzähle eine neue Geschichte. Auch sie soll vom Miteinander kleiner und großer Teile handeln, die zusammen ein Ganzes ergeben.

Den Namenstag im Religionsunterricht feiern

In eurer Klasse werden die Geburtstage aller Schülerinnen und Schüler gefeiert. Im Religionsunterricht könnt ihr auch die Namenstage feiern.

- Stellt eine Liste aller Namenstage eurer Reli-Gruppe zusammen. Dafür gebt im Internet euren Namen und das Stichwort „Namenspatron" ein. Wer keinen Patron zu seinem Namen findet, kann einen ähnlichen Namen wählen und dann erneut suchen.
- Überlegt euch ein kleines Ritual, wie ihr den Namenstag am Beginn einer Religionsstunde feiert, z. B.:
  - vom Namenspatron erzählen
  - sich beglückwünschen
  - ein Lied singen

Ein Gruppenpuzzle basteln

Um ein Puzzle zu basteln, benötigt ihr zwei oder drei Bögen aus Pappe, die ihr zusammenklebt und mit weißem Papier bezieht. Ihr könnt die Fläche nun bemalen. Dann schneidet so viele einzelne Teile aus, wie es Schülerinnen und Schüler in eurer Reli-Gruppe gibt. Mischt die Puzzleteile und verteilt sie an alle. Jede Schülerin und jeder Schüler schreibt nun den eigenen Namen auf sein Puzzleteil sowie etwas, das typisch oder wichtig für sie und ihn ist. Setzt die Teile wieder zusammen.

- Schaut euch das ganze Bild an und besprecht, ob es Teile gibt, die wichtiger als andere sind.
- Findet Lösungen für folgende Fragen:
  - Wie geht ihr mit dem Puzzle um, wenn euch ein Mitglied der Gruppe verlässt?
  - Was macht ihr mit dem Puzzle, wenn jemand Neues zur Reli-Gruppe kommt?
- Vergleicht das Puzzle mit dem Bild einer Gruppe, das der Apostel Paulus für die Christen in Korinth S. 24 beschreibt.

Rituale zur Begrüßung und Verabschiedung

Eure Reli-Gruppe kann sich während des Schuljahres verändern. Neue Schülerinnen und Schüler kommen hinzu, andere verlassen die Gruppe, weil sie umziehen oder die Schule wechseln.

Da ihr eine Gruppe seid, in der alle Mitglieder wichtig sind, werden die Schülerinnen und Schüler, die euch verlassen, verabschiedet.
Da ihr eine Gruppe seid, die für neue Mitglieder offen ist, werden Schülerinnen und Schüler, die zu euch stoßen, begrüßt.

- Verabredet ein kleines Ritual zur Begrüßung neuer Mitglieder der Reli-Gruppe, z. B.:
  - Gebt alle ihr oder ihm die Hand.
  - Stellt euch gegenseitig vor.
  - Überlegt zusammen mit eurer Lehrerin, eurem Lehrer, wo ihr den Neuen einen guten Sitzplatz vorschlagen könntet.
- Denkt euch auch ein Ritual aus, wie ihr Mitschülerinnen und Mitschüler verabschiedet, z. B.:
  - Ihr gebt ihr oder ihm Segenswünsche mit.
  - Ihr umarmt sie oder ihn ein letztes Mal.

2 Gott ist da – und trägt uns

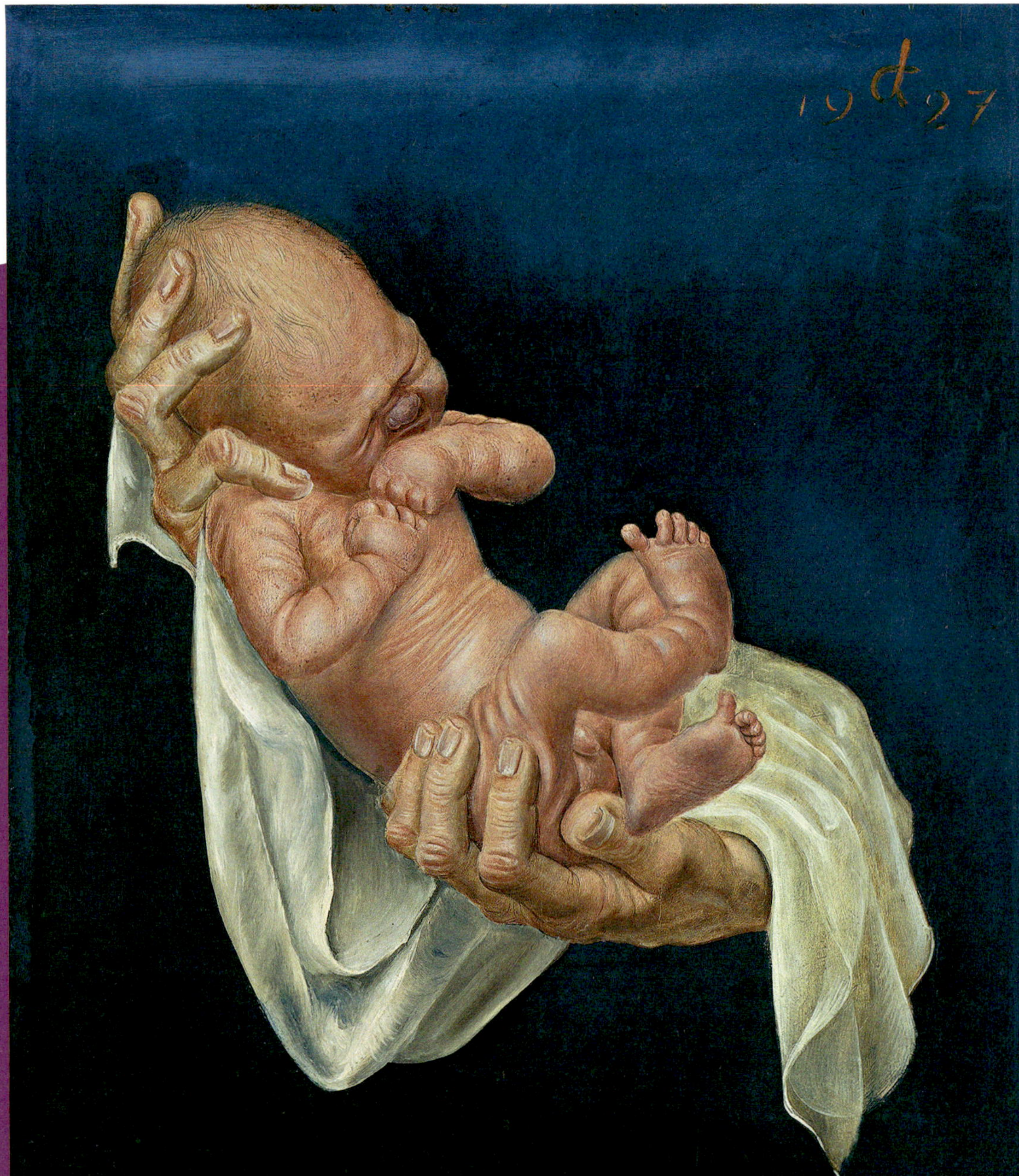

1 Zwei Menschen spüren etwas, wenn sie zusammen sind.
2 Sie haben sich gern.
3 Das Gefühl, die Liebe können wir nicht sehen.
4 Aber sie ist da.

1 Menschen spüren etwas, wenn sie in Schwierigkeiten sind.
2 Sie hoffen, dass es gut geht.
3 Die Zuversicht, die Hoffnung können wir nicht sehen.
4 Aber sie ist da.

1 Gläubige Menschen spüren etwas, wenn sie ihren Alltag leben.
2 Sie fühlen sich getragen.
3 Den Gott, der Menschen trägt, können wir nicht sehen.
4 Aber Gott ist da.

1 Beschreibe das Bild. Benenne, was du siehst und was dir fehlt.

2 Gib dem Bild eine Überschrift. Vergleicht eure Titel miteinander.

3 Male ein Bild mit dem Titel: „Der unsichtbare Gott“.

4 Stellt euch eure Bilder gegenseitig vor und erklärt sie.

5 Lest die Verse dieser Seite nacheinander zu viert: Eine Schülerin liest von allen Versen den ersten Satz, ein zweiter Schüler den zweiten Satz und jeweils eine Schülerin oder ein Schüler den dritten und den vierten Satz. Besprecht dann die Verse.

6 Erzähle
- eine spannende Geschichte von der Gefahr, die ein Mensch nicht sieht, die aber da ist.
- eine schöne Geschichte von der Sonne, die sich hinter den Wolken versteckt.
- eine andere Geschichte von etwas oder jemandem, der nicht da, aber spürbar ist.

Das weißt du schon – darüber hast du schon nachgedacht

Rätsel

Denke dir ein kleines Rätsel aus,
das du der Gruppe stellst:
Beschreibe etwas, das es gibt,
das man aber nicht sehen kann.
Die Gruppe muss erraten, was es ist.

Fragen stellen

Stellt sechs Fragen:
Drei Fragen sollen ganz leicht sein,
sodass alle antworten können.
Drei Fragen sind so anders, dass
keiner sie beantworten kann, auch
wenn er großes Wissen hat.
Über sie denken Menschen nach.
Besprecht die Unterschiede.
Alle Fragen stammen aus dem Fach
Religion.

Was existiert?

Besprecht den Satz:
„Für mich gibt es nur das, was ich sehen, hören,
riechen oder anfassen kann.“
Sucht zuerst Gründe, die für diesen Satz sprechen,
und dann Gründe, die gegen ihn sprechen.

Gott geht mit seinem Volk

Mose …
das Meer …
die Pferde …
der Pharao …
die Plagen …
Gott befreit sein Volk.

Schreibe mit Bleistift einen Text auf ein Blatt, in dem du vom Auszug des Volkes Israel aus Ägypten erzählst. Schreibe alles auf, was du weißt.
Gestalte diesen Text als einen Lückentext: Lass wichtige Wörter weg und ersetze sie durch kleine Punkte – oder schreibe den Text ganz auf und radiere dann einige Worte aus. Tauscht eure Texte untereinander aus und füllt die Lücken.

Gott nimmt die Menschen an

Ein Kind wird getauft.
Erzähle, was du von der Taufe weißt.

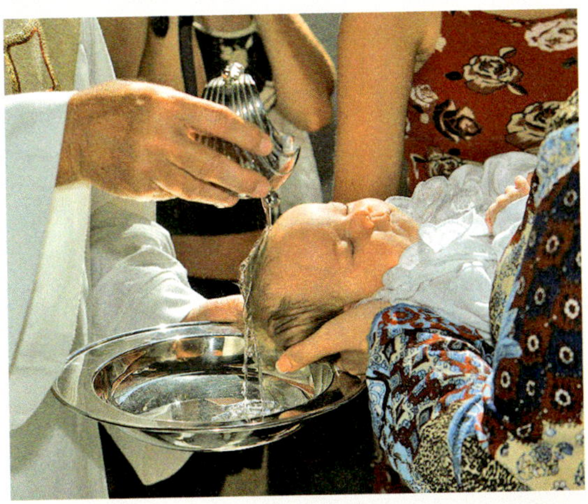

Große Fragen – verschiedene Antwortversuche

Manchmal kommen Fragen auf, die sich nicht so leicht beantworten lassen – Fragen, die „groß“ erscheinen. Auf sie gibt es vielleicht nur unsichere Antworten. Diese Fragen stellen sehr viele Menschen.

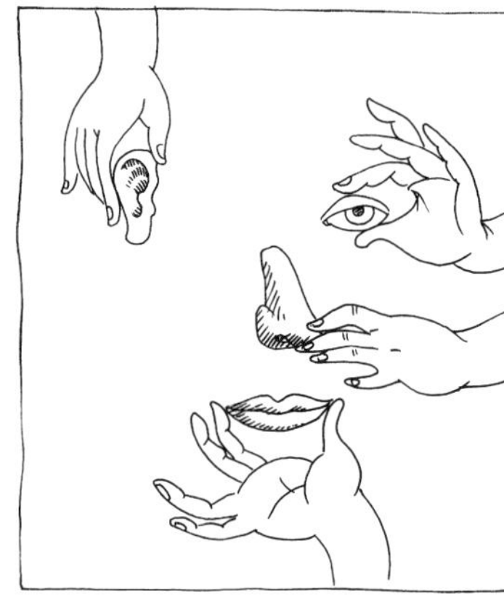

Wer hat die Menschen gemacht?

Werde ich vom Unglück immer verschont bleiben?

Werde ich eines Tages einmal ein richtiger Held sein?

Wohin gehe ich, wenn ich sterbe?

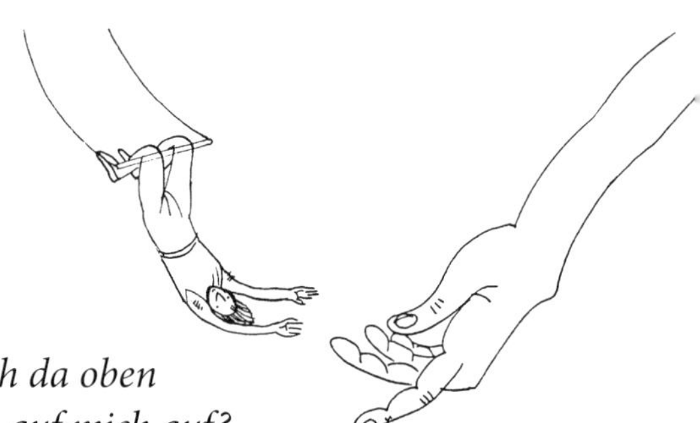

Passt eigentlich da oben irgendjemand auf mich auf?

Antworten von Schülerinnen und Schülern aus dem 5. Schuljahr

Woher kommen die Menschen?

- „Gott hat Adam und Eva erschaffen, sie haben Kinder bekommen und so immer weiter. Sonst wären die zwei ja alleine gewesen."
- „Ich denke, dass die ersten Menschen der Welt durch einen Lichtstrahl auf die Erde gekommen sind."
- „Ich habe keine Ahnung."
- „Gott hat alles gemacht, und dabei auch die Menschen."
- „Es gab eine riesige Explosion und dadurch wurde alles. So sagen es die Wissenschaftler."

Warum müssen wir sterben? Und was kommt dann?

- „Es ist für jeden mal Zeit zu sterben. Man wird alt, Organe funktionieren nicht mehr und man ist tot."
- „Es würde sonst zu viele Menschen auf der Erde geben. Danach kommt das Leben im Himmel."
- „Man wird ein Geist und schwebt dann in den Himmel."
- „Also das ist so: Es ist traurig, wenn jemand stirbt, alle weinen. Aber es braucht ja Platz. Und außerdem soll es im Himmel richtig schön sein. Genau weiß ich es aber nicht."

Wem könnt ihr vertrauen?

- „Niemand!"
- „Auf Gott kann man vertrauen und auf meine Familie."
- „Ich vertraue meiner Mutter, sie will wirklich, dass es mir gut geht."
- „Ich weiß oft nicht so richtig, wem ich glauben soll und wem nicht. Ich bin schon oft enttäuscht worden."
- „Auf meine beste Freundin kann ich mich voll verlassen."

1 Betrachte die Bilder auf S. 32 und lies die Fragen dazu. Finde eigene Antworten auf die Fragen.

2 Gestalte zu deinen Antworten eigene Bilder in einer ähnlichen Art.

3 Was sind deine Antworten auf die Fragen auf dieser Seite? Lies die Antworten der Schülerinnen und Schüler. Vergleiche.

4 Bei der Suche nach Antworten kommt vielleicht auch die Frage nach Gott vor. Erinnere dich an Situationen in deinem Leben, von denen du denkst, dass Gott von Bedeutung war.

Geht Gott mit den Menschen?

Mose begegnet Gott

Kann Gott die Menschen in allen Situationen ihres Lebens begleiten, in den schönen genauso wie in den schwierigen?

Und wenn Gott für die Menschen nicht direkt sichtbar ist, ist Gott dann vielleicht weit weg? Und kümmert sich gar nicht um das Leben der Menschen?

Diese Fragen stellten sich auch schon die Israeliten, als sie in Ägypten gefangen waren und dort als Sklaven arbeiten mussten. Sie gaben die Fragen an Mose weiter, der zunächst auch nicht weiterwusste. Dann aber hatte Mose ein seltsames Erlebnis:

1 Mose weidete die Schafe und Ziegen seines
Schwiegervaters Jitro, des Priesters von Midian. Eines Tages trieb er das Vieh über die
Steppe hinaus und kam zum Gottesberg Horeb.
2 Dort erschien ihm der Engel des Herrn
in einer Feuerflamme mitten aus dem Dornbusch. Er schaute hin: Der Dornbusch brannte
im Feuer, aber der Dornbusch wurde nicht
verzehrt.
3 Mose sagte: Ich will dorthin gehen und mir
die außergewöhnliche Erscheinung ansehen.
Warum verbrennt denn der Dornbusch nicht?
4 Als der Herr sah, dass Mose näher kam,
um sich das anzusehen, rief Gott ihm mitten
aus dem Dornbusch zu: Mose, Mose! Er antwortete: Hier bin ich.
5 Er sagte: Komm nicht näher heran! Leg
deine Schuhe ab; denn der Ort, wo du stehst,
ist heiliger Boden.
(…)
13 Da sagte Mose zu Gott: Gut, ich werde
also zu den Israeliten kommen und ihnen
sagen: Der Gott eurer Väter hat mich zu
euch gesandt. Da werden sie mich fragen:
Wie heißt er? Was soll ich ihnen sagen?
14 Da antwortete Gott dem Mose: Ich bin,
der ich bin. Und er fuhr fort: So sollst
du zu den Israeliten sagen: Der Ich-bin hat
mich zu euch gesandt.
15 Weiter sprach Gott zu Mose: So sag zu
den Israeliten:
(…)
16 Der Herr, der Gott eurer Väter, der Gott
Abrahams, Isaaks und Jakobs, ist mir erschienen und hat mir gesagt: Ich habe sorgsam
auf euch geachtet und habe gesehen, was man
euch in Ägypten antut.

Ex 3,1–5.13–15a.16

Der Name Gottes ist ein Versprechen

Es ist gut, jemanden mit Namen zu kennen. Der Name bezeichnet nicht einfach nur eine Person. Er kann eine Botschaft sein und etwas Wichtiges über den Namensträger aussagen. Das gilt für Menschen (S. 16) und auch für den Gott der Bibel. Gott stellt sich Mose mit seinem Namen in einem Satz vor: „Ich bin, der ich bin.“ Dies ist ein ungewöhnlicher Name. Gott sagt mit seinem Namen, wer er für sein Volk Israel und die Menschen sein möchte.

Ich bin für dich da!

Ich bin immer und überall!

Ich bin, der ich bin.

Ich bin dein Gott!

Ich bin treu!

Ich höre nicht auf, für euch da zu sein!

1 Setzt euch in Kleingruppen zusammen und stellt euch vor, Mose kommt zu seiner Familie und erzählt, was er am Dornbusch erlebt hat. Aus eurer Gruppe spielt eine oder einer den Mose, die anderen sind Familienmitglieder und fragen nach.

2 Lies in der Bibel im Buch Exodus Kapitel 3 die Verse 6–12. Bildet Zweiergruppen und erzählt euch, warum Mose auf Gott vertrauen könnte.

3 Der Maler des Bildes hat die Begegnung von Mose mit Gott durch die goldenen Farbtöne sehr prachtvoll dargestellt. Beschreibe, wie Mose auf den Ruf durch Gott reagiert. Achte dabei auf die Körperhaltung des Mose. Vergleiche deine Ergebnisse mit den Ideen zum Spiel von Aufgabe 1.

4 Bildet fünf Kleingruppen und schreibt jeweils einen Satz aus der Grafik oben auf ein großes Blatt. Tauscht euch in einem > Schreibgespräch darüber aus, was Gott mit seinem Namen verspricht.

5 Gestaltet anschließend gemeinsam ein > Plakat mit dem Namen Gottes „Ich bin, der ich bin“. Überlegt vorher in den Kleingruppen, welche Aussagen, Fragen oder Erlebnisse aus eurem Schreibgespräch für die Gestaltung des Plakates wichtig sind.

Der Ich-bin befreit sein Volk

Das Volk Israel in Ägypten

Im fremden Land

Die Vorfahren der Israeliten waren Nomaden*. Mit ihren Kleinviehherden wanderten sie von Wasserstelle zu Wasserstelle und zogen von Weideplatz zu Weideplatz. Immer waren sie in Sorge um genug Futter und Wasser für die Tiere und somit um Nahrung und Auskommen für sich. In Dürrezeiten suchten sie Gebiete, in denen keine Hungersnot herrschte. So kamen die israelitischen Nomaden auch nach Ägypten – in das fremde Land am Nil.

Harte Sklavenarbeit

Zunächst waren die Nomaden in Ägypten geduldet. Aber ein neuer Herrscher sah in ihnen eine Gefahr, weil sie immer zahlreicher wurden. Er ordnete immer härtere Maßnahmen an, um die Israeliten zu unterdrücken. So mussten sie sich auf den Feldern abplagen, alle Arten von Sklavenarbeit verrichten und aus Lehm Ziegelsteine formen.

1 Die Bilder zeigen, wie schwer die Israeliten als Sklaven auf einer Baustelle der Ägypter arbeiten mussten. Beschreibe, welche Arbeiten sie verrichten.

2 Stellt in einem > Standbild zwei Personen nach: Eine Person arbeitet als Sklave schwer, die zweite steht etwas entfernt und ist ein Aufseher. Tauscht danach die Rollen. Beschreibt die Situation und die Gefühle der beiden.

3 Die geknechteten Israeliten träumten von einem Leben in Freiheit. Formuliere „Freiheitssprüche“ der Israeliten und notiere sie auf Wortkarten: „Ich wünsche mir …“; „Ich träume von …“; „Ich sehne mich …“

Gott befreit

Mose vertraute auf das Versprechen Gottes und führte die Israeliten aus Ägypten heraus. Die Befreiung aus der Knechtschaft in Ägypten wurde für das Volk Israel zu einer wichtigen Erfahrung. Die Israeliten erzählten ihren Kindern davon, diese erzählten es wiederum ihren Kindern – bis diese Erzählung schließlich aufgeschrieben wurde.

Von der Rettung der Israeliten am Schilfmeer erzählt die Bibel im Buch Exodus. Nun können es alle lesen und sagen: Gott hat uns befreit und an diesen Gott der Befreiung glauben wir. Da diese Rettung so wichtig ist, erinnern auch andere Texte und Gebete der Bibel daran.

2 Mein Gott, mein Gott, warum hast du mich verlassen,
bleibst meiner Rettung fern, den Worten meines Schreiens?
3 Mein Gott, ich rufe bei Tag, doch du gibst keine Antwort;
und bei Nacht, doch ich finde keine Ruhe.
4 Aber du bist heilig,
du thronst über dem Lobpreis Israels.
5 Dir haben unsere Väter vertraut,
sie haben vertraut und du hast sie gerettet.
6 Zu dir riefen sie und wurden befreit,
dir vertrauten sie und wurden nicht zuschanden.
Ps 22,2–6

4 In der Bibel heißt Gott „Ich bin, der ich bin“. Gott hat nicht nur einen Namen, von ihm werden auch Taten erzählt.
- Wenn du den Lückentext von S. 31: „Gott geht mit seinem Volk“ schon geschrieben hast, lies ihn der Gruppe vor. Ergänzt ihn gemeinsam. Um weitere Einzelheiten zu erfahren, lies Ex 13,17–14,31.
- Wenn du den Lückentext von S. 31: „Gott geht mit seinem Volk“ noch nicht geschrieben hast, hole es nach. Ergänze den Text der Geschichte vom Auszug aus Ägypten durch Einzelheiten.

5 Der Beter von Psalm* 22 erinnert an den Auszug Israels aus Ägypten.
- Benenne, in welchen Sätzen er die Erzählung vom Auszug aufgreift.
- Überlege, in welcher Situation der Mensch sein könnte, der diesen Psalm betet. Stellt verschiedene Situationen zusammen und tauscht euch dann darüber aus.
- Der Psalm hat noch viele weitere Verse. Der Beter wird darin immer sicherer, dass Gott ihm hilft. Erkläre mithilfe der Verse 4–6, warum der Beter so zuversichtlich ist.

6 Schreibe Psalm 22 in ein > Elfchen um. Es beginnt mit „Ich“ und endet mit „Gott“.

Gott – ganz anders als erwartet

Ein leises Säuseln

… am liebsten wäre Elija* einfach weggerannt. Er hatte es so satt. Er konnte einfach nicht mehr. Er hatte sich so sehr eingesetzt für Gott. Alles hatte er für ihn getan. Jetzt war er nur noch müde, wurde angefeindet und verfolgt. Am Boden zerstört, verzweifelt und alleine hatte er sich in einer Höhle in der Wüste verkrochen. Aber in seinem Kopf hämmerte es:

„Wo ist denn nun dieser mächtige Gott, der ‚Ich-bin'?"

11 Der Herr antwortete: Komm heraus und stell dich auf den Berg vor den Herrn! Da zog der Herr vorüber: Ein starker, heftiger Sturm, der die Berge zerriss und die Felsen zerbrach, ging dem Herrn voraus. Doch der Herr war nicht im Sturm. Nach dem Sturm kam ein Erdbeben. Doch der Herr war nicht im Erdbeben.
12 Nach dem Beben kam ein Feuer. Doch der Herr war nicht im Feuer. Nach dem Feuer kam ein sanftes, leises Säuseln.
13 Als Elija es hörte, hüllte er sein Gesicht in den Mantel, trat hinaus und stellte sich an den Eingang der Höhle. 1 Kön 19,11–13

Wenn es ganz still wird

Wenn es ganz still wird,
dann können wir dich hören,
Gott, dann erscheinst du
wie ein Funke,
wie ein leises Wort.
Gott, du erscheinst nicht
großmächtig und laut,
du erscheinst eher
in einer Träne,
in einer einzelnen Träne,
die einer schnell wegwischt
aus Scham.

Gott,
du erscheinst auf Stroh,
du erscheinst in der
Schulpause,
du erscheinst
wie der Dieb in der Nacht.
Hilf, dass wir dich nicht
übersehen, wenn du in
einer rasch weggewischten
Träne erscheinst.

nach Wilhelm Willms

1 Der Bibeltext beschreibt drei gewaltige Naturbilder. Sie gehen dem Vorüberziehen Gottes voraus. Vielleicht hat Elija Gott schon in diesen Naturbildern erwartet. Male selbst ein Bild zu einer oder zu allen drei Szenen. Findet zu euren Bildern passende Überschriften.

2 Die Malerin des Bildes auf S. 38 hat ihr Bild „Elija begegnet Gott" genannt. Schau dir das Bild genau an und vergleiche es mit dem Bibeltext. Überlege genau, wie sie Gott darstellt.

3 Teilt euch in Gruppen auf und vertont mit verschiedenen Instrumenten, wie Gott sich im Sturm, im Erdbeben und im Feuer ankündigt. Versucht es anschließend mit dem Vorübergehen Gottes im „sanften, leisen Säuseln". Spielt eure „Ton-Stücke" der Reli-Gruppe vor und vergleicht eure Produktionen.

4 Elijas Begegnung mit Gott als „sanftes, leises Säuseln" wird in dem oben abgedruckten Gedicht mit ganz anderen Worten und Bildern beschrieben: „du erscheinst ...". Schreibt die Wörter auf Wortkarten und überlegt gemeinsam, was sie über Gott aussagen.

5 Hast du ähnliche Erfahrungen gemacht und Gott schon mal in einem „sanften, leisen Säuseln" gespürt? Schreibe dazu einen eigenen Text, z. B.: Wenn es ..., dann ...; du erscheinst ...; du bist da ...
Es kann auch ein > Elfchen sein.

Denn DU bist bei mir

Wenn Menschen erfahren, dass Gott mit ihnen ist, schreiben sie dies manchmal in Gebeten oder Liedern auf. In der Bibel sind Gebete und Lieder an Gott gesammelt, die sich Psalmen* nennen. Ein Psalm – er trägt die Nummer 23 – erzählt von einer solchen Erfahrung.

Psalm 23

1 Der Herr ist mein Hirt,
nichts wird mir fehlen.
2 Er lässt mich lagern auf grünen Auen
und führt mich zum Ruheplatz am Wasser.
3 Meine Lebenskraft bringt er zurück.
Er führt mich auf Pfaden der Gerechtigkeit,
getreu seinem Namen.
4 Auch wenn ich gehe im finsteren Tal,
ich fürchte kein Unheil;
denn du bist bei mir,
dein Stock und dein Stab, sie trösten mich.
5 Du deckst mir den Tisch
vor den Augen meiner Feinde.
Du hast mein Haupt mit Öl gesalbt,
übervoll ist mein Becher.
6 Ja, Güte und Huld werden mir folgen
mein Leben lang
und heimkehren werde ich ins Haus des Herrn
für lange Zeiten. Ps 23,1–6

1 Lies den Psalm und schreibe den Satz oder den Vers, der dir am besten gefällt, in dein > Heft. Sammelt und vergleicht eure Einträge.

2 Beschreibe mithilfe des Fotos ein finsteres Tal. Schildere die Gefühle von Menschen, die durch dieses Tal gehen müssen.

3 Überlege, in welchen Situationen Menschen sagen: Das war so, als ob ich in einem finsteren Tal war.
- Male ein Bild von einem Menschen, der sich wie in einem finsteren Tal fühlt.
- Schreibe den Satz im Psalm „Auch wenn ich gehe im finsteren Tal“ in einen Satz um, der zu deinem Bild passt.

Jugendliche schreiben Psalm 23 neu

Der Herr ist mein Kumpel

Der Herr ist mein Kumpel,
mir wird nichts fehlen.
Er lässt mich in den coolsten Skateparks skaten
und führt mich zu einer coolen Pipe.
Er erfreut mich.
Er führt mich gut, weil er es so will.
Auch wenn ich mal Pech habe,
fürchte ich mich nicht,
denn du bist bei mir und tröstest mich.
Du deckst mir den Tisch trotz meiner Feinde.
Du schmierst mich ein
und gibst mir was zu trinken.
Du bist gut zu mir mein Leben lang,
und ich werde immer bei dir sein, Herr.

Der Herr ist mein Beschützer

Der Herr ist mein Beschützer,
mir fehlt nur wenig.
Er lässt mich in den Spiegel schauen
und dann bin ich recht zufrieden.
Er sagt mir: Entdecke, wie gut du aussiehst.
Auch wenn mir meine Nase
und mein Bauch nicht immer gefallen,
habe ich keine Angst,
denn du bist bei mir.
Du lässt mich so aussehen, wie ich bin.
Es gibt noch schönere Menschen – na und?
Du lässt mich wachsen und schöner werden,
du gibst mir das Richtige dafür.
Das wird so bleiben mein Leben lang
und das macht mich froh.

4 Benny (13 Jahre) und Paula (12 Jahre) haben den Psalm in eigene Gebete umgeschrieben. Vergleiche die beiden Gebete mit dem Psalm. Stelle Unterschiede und Gemeinsamkeiten fest.

5 Vergleiche, wie in den beiden Psalmgebeten der Satz aus Psalm 23 „Auch wenn ich gehe im finsteren Tal“ neu geschrieben ist.

6 Erstelle in deinem Heft eine Tabelle, in der du die Bilder aus Psalm 23 neben die neuen Bilder aus den beiden Gebeten stellst:

Psalm 23	Gebet „Kumpel“	Gebet „Beschützer“
Hirte	...	...
...	...	...

7 Schreibe einen eigenen Text, der den Psalm 23 aufgreift und verändert. Suche dir ein Erlebnis, ein Problem oder eine Situation aus, die dir wichtig ist, und nimm sie in den Text auf.

Menschen deuten ihr Leben

Ein Heiliger: Franz von Assisi ändert sein Leben

Francesco ekelt sich vor Menschen, die eine schwere Krankheit haben. Wenn eitrige Geschwüre ihre Körper bedecken, Wunden an einigen Stellen offen sind und Kranke auch noch arm und zerlumpt sind, kann Francesco nicht hinschauen. Er selbst ist jung, gesund und hat genug Geld. Sein Vater ist ein reicher Geschäftsmann in der italienischen Stadt Assisi. Nach der Schule soll Francesco in das Geschäft seines Vaters einsteigen und es weiterführen. Aber Francesco kommen Zweifel: Ist es wirklich richtig für ihn, was er machen soll? Er weiß von jungen Männern und Frauen, die aus ihrem gewohnten Leben aussteigen. Sie wählen einen anderen Weg, leben in Armut, verkünden die Frohe Botschaft von dem Gott Jesu Christi und kümmern sich um kranke Menschen. Dabei sind diese Männer und Frauen durchaus zufrieden und fröhlich.

Francesco nimmt an einigen kleinen Kriegszügen teil. Dabei begegnet er Gewalt und sterbenden Menschen. Auch dies vergrößert seine Fragen: Soll das so weitergehen? Kann sein Leben nicht anders sein?

Manchmal verlässt er die Stadt und zieht sich in die Einsamkeit zurück. Er will alleine sein und herausfinden, wohin sein Leben geht. Er betet, liest in der Bibel und denkt über Gott und sein Leben nach. Im Vertrauen auf Gott reift in ihm der Entschluss, sein Leben zu ändern und ein armer Mann zu werden, der sich ganz auf Jesus einlässt. Er weiß, dass sein Vater dagegen ist, doch er muss es ihm sagen. Dafür – so wird erzählt – wählt Francesco eine Gerichtsversammlung. Dort zieht er seine vornehme Kleidung aus und wirft sie seinem Vater vor die Füße. Er erklärt, von nun an arm zu leben und Jesus nachzufolgen. Denn er vertraut auf Gott, der ihm den Weg zu einem neuen Leben zeigt.

Francesco lebt nun bei einer kleinen Kapelle außerhalb der Stadt Assisi, betet und arbeitet. Bald kommen andere junge Männer, und sie bilden eine Gemeinschaft. Sie gestalten ihr Leben nach dem Vorbild Jesu und seiner Jünger. Dann passiert etwas Unerwartetes: Francesco überwindet seinen Ekel vor den Kranken, kann sie berühren und ihnen beistehen.

1 Francesco hat vor über 800 Jahren in der Stadt Assisi in Italien gelebt. Heute ist er unter den Namen „Franz von Assisi“ und „heiliger Franziskus“ sehr bekannt. Erzähle nach, was von Francesco, dem heiligen Franziskus, berichtet wird.

2 Spielt den hier erzählten Ausschnitt aus dem Leben des Francesco nach.

3 Schreibe in drei Sätzen auf, warum Francesco sein Leben geändert hat.

4 Sprecht darüber, ob ihr Francesco verstehen könnt.

Opas Engel?

Opa erzählt seinem Enkel Geschichten aus seinem Leben. Er blickt auf Stationen seiner Kindheit, seiner Jugend und seiner Zeit als Erwachsener zurück. Seine Erzählung beginnt mit den Worten: „Junge, mir konnte keiner was.“ Eine Zeichnerin hat einige Stationen seines Lebens auf ihre Weise illustriert.

Ich fürchtete mich nicht. Ich war immer der Mutigste von allen, kletterte auf die höchsten Bäume …

… und sprang in die tiefsten Seen.

Ich verliebte mich …

… und kaufte ein Auto.

Ich hatte viel Glück.

5 Besprecht, wie Opa sich und sein Leben sieht.

6 Erkläre, wie die Zeichnerin Opas Erlebnisse nutzt, um das Leben von Opa anders als er zu deuten.

7 Vergleiche, wie Opa und der heilige Franziskus ihr Leben sehen, und stelle Unterschiede heraus.

Gott sagt JA zu uns – die Taufe

Gott begleitet mein Leben

durch Menschen, die mich gerne haben.	durch Freude, durch Trauer, die ich fühle.	in Ereignissen und Erfahrungen, die ich mache, die mir guttun.
Wenn ich aber einsam bin, mich von allen verlassen fühle,	Wenn ich aber gerade ganz leer bin und mir alles egal ist,	Wenn aber nichts passiert, mein Leben öd und langweilig ist,

begleitet Gott mich dann auch?

Zeichen Gottes

Es gibt Zeichen und Handlungen, durch die Gott zeigt, dass er die Menschen annimmt und begleitet.

Auch Menschen haben Zeichen und Handlungen, um deutlich zu machen, dass sie andere Menschen annehmen und begleiten:

sich etwas schenken, einander zulächeln, jemanden unterstützen …

Zu den Zeichen gehören immer zwei: Eine oder einer gibt es, die oder der andere erkennt etwas z. B. als ein Geschenk und nimmt es an.

Die Zeichen, die Gott gibt, nennen wir Sakramente. In ihnen werden Zuwendung und Gegenwart Gottes in besonderer Weise sichtbar und wirksam. Die Sakramente gehen auf Jesus Christus zurück und werden durch die Gemeinschaft der Kirche gespendet. Die Christen nehmen die Sakramente als ein Geschenk Gottes an, indem sie JA zu ihnen sagen, sich an sie erinnern und mit ihnen leben.

Das Sakrament der Taufe

Die Taufe wird nur einmal im Leben gespendet. Gott sagt durch dieses Zeichen, dass er die Getauften annimmt und sie begleitet. Dieses Geschenk gilt das ganze Leben lang. Die Getauften sind nicht mehr allein, durch die Taufe gehören sie zu einer Gemeinschaft. Das ist die Kirche.

1 Warum ist die Taufe ein Geschenk Gottes? Erkläre dies.

2 „Wenn sich ein Mensch einsam und leer fühlt, dann kann ihm die Erinnerung an die Taufe sagen, dass …“ Ergänze diesen Satz.

Ein Lied deutet die Taufe

T: Friedrich Dörr, 1970
M: Caspar Ulenberg, 1603

2. Aus Wasser und dem Heilgen Geist
bin ich nun neu geboren;
Gott, der die ewge Liebe heißt,
hat mich zum Kind erkoren.
Ich darf ihn rufen „Vater mein“,
er setzte mich zum Erben ein.
Von ihm bin ich geladen
zum Gastmahl seiner Gnaden.

3. Christus, der Herr, hat mich erwählt,
ihm soll ich fortan leben.
Ihm will ich dienen in der Welt
und Zeugnis für ihn geben.
So leb ich nicht mehr mir allein,
sein Freund und Jünger darf ich sein.
Ich trage seinen Namen;
sein bleib ich ewig. Amen.

3 Lies den Text des Liedes und notiere dir die Wörter oder Sätze, die du nicht verstehst. Klärt dies im Gespräch mit der ganzen Reli-Gruppe.

4 Schreibe in zwei Spalten Sätze aus dem Lied ab. In der ersten Spalte notierst du, was die Taufe bewirkt, in der zweiten Spalte schreibe, was aus der Taufe für das Leben folgt. Vergleicht eure Ergebnisse.

5 Benenne Folgen, die die Taufe für dich hat. Dabei werden z. B. Kirche, Religionsunterricht, Begleitung durch Gott, Pate/Patin eine Rolle spielen.

6 Die Taufe ist ein Sakrament; die Kirche kennt sieben Sakramente. Suche im Internet eine Aufstellung der sieben Sakramente. Stelle dar, welche Sakramente einmalig und welche regelmäßig durch die katholischen Christen empfangen werden können.

Zeigt, was ihr könnt!

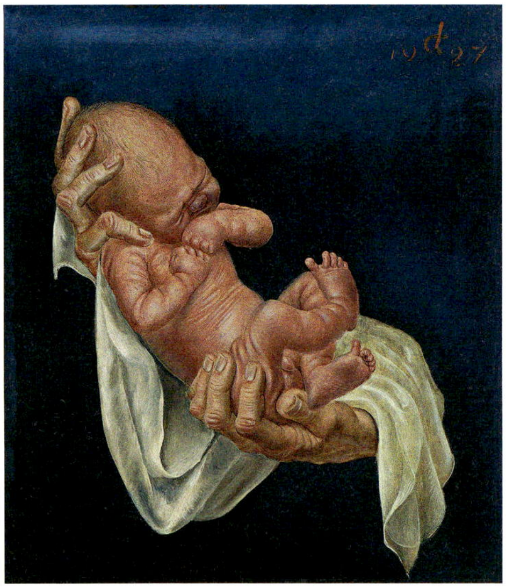

Beppo

Alle Kinder waren in der Schule. Nur Beppo, zehn Jahre alt, stand allein auf einem Hügel und starrte angestrengt zum Himmel hinauf. Dort oben war ein winziger roter Punkt. Seinetwegen hatte Beppo die Schule geschwänzt.

Es war ein roter Luftballon. Beppo hatte zwei Euro geopfert, um ihn kaufen zu können. Das war eine Menge Geld für Beppo! Er hatte niemandem erzählt, was er damit anfangen wollte. Heimlich hatte er einen Brief geschrieben und ihn an der Schnur des Luftballons angebunden. Und als alle Kinder in der Schule waren, hatte er sich fortgeschlichen, um auf dem Hügel seinen Luftballon steigen zu lassen.

„Lieber Gott“, stand mit großen Buchstaben auf dem Zettel geschrieben, „in ein paar Wochen bekomme ich einen kleinen Bruder. Wir sind sechs Kinder, und meine Eltern haben wenig Geld. Der Kleine muss mit Pedro und mir zusammen schlafen, weil wir nicht genug Bettzeug haben. Bitte, lieber Gott, mach doch, dass ich dem kleinen Bruder ein kleines Bett mit Bettzeug zurechtmachen kann! Es darf ruhig etwas Gebrauchtes sein! Ich wohne in Arcole in Italien. Dein Beppo Sala.“

So hatte Beppo geschrieben, und er hoffte, dass der, für den der Zettel bestimmt war, ihn würde lesen können. Und als der kleine rote Punkt in der Höhe verschwunden war, trottete Beppo voll Zuversicht nach Hause: Gott wird helfen.

Die nächsten Tage waren für Beppo nicht leicht zu ertragen. Er wartete voll Spannung. Aber nicht das Geringste geschah.

Das Einzige, was sich ereignete, war, dass er nachsitzen musste, weil er die Schule geschwänzt hatte.

Aber dann geschah doch etwas. Schon von Weitem erkannte Beppo das Paketauto des Postboten vor seinem Elternhaus. Aufgeregt stürmte er ins Haus.

Drinnen fand er die ganze Familie in der Küche versammelt. Mitten auf dem Tisch lag ein Paket.

Vater Sala zankte sich mit dem Postboten: „Du willst Postbote sein, Antonio, und begreifst nicht einmal, dass dieses Paket unmöglich für uns sein kann?“ Der Briefträger rollte die Augen. „Du Dummkopf!“, schrie er. „Kannst du nicht lesen? Sala – Familie Sala! Da steht es!“ „Jawohl, so heißen wir. Aber wir kennen niemand in Venedig.

Und geschenkt nehme ich nichts, das weißt du! Nimm das Paket wieder mit!"

Beppo hielt es nicht länger aus. „So mach das Paket doch auf!", schrie er, außer sich vor Erregung, „dann werden wir sehen, ob es für uns ist oder nicht!" Der Lärm verstummte. Unter den buschigen Brauen hervor warf der Vater einen finsteren Blick auf den vorlauten Sohn und überlegte. „Also los!", fuhr er den Postboten an. „Du hörst es doch, öffne!" Hastig riss der Mann die Schnüre auf. Als er den Deckel zurückschlug, wurde es ganz still in der Küche. Und alle sahen, wie es weiß aus dem Karton hervorleuchtete: Windeln, Bettzeug und winzige Kinderwäsche!

Nicht gerade nagelneu, aber heil und sauber. Ein Schatz für die Familie Sala! Die Augen der Mutter leuchteten.

Ein Glück, dass wenigstens kein Absender angegeben war, dachte Beppo. Nun konnte der Vater das Paket nicht zurückschicken! Und während der Inhalt des Paketes von Hand zu Hand ging, schlich Beppo sich leise hinaus. Sein Herz war übervoll. Rasch, rasch eilte er zu dem Hügel, wo er vor vier Tagen den roten Luftballon zum Himmel geschickt hatte, und …

- Lies die Erzählung von Beppo und erzähle sie nach.
- Schreibe die Erzählung zu Ende. Lest euch eure Fortsetzungen gegenseitig vor.
- Gott heißt „Ich-bin". Stelle dir vor, dieser Gott antwortet Beppo auf dem Hügel. Lass Gott zu Beppo sprechen.
- Zeichne dein Ende der Erzählung in ähnlicher Weise, wie die Malerin die Erlebnisse von Opa in „Opas Engel" gezeichnet hat.
- Versetze dich in die Lage von Beppo: Schreibe den Psalm* 23, wie er ihn am Beginn oder am Ende der Erzählung beten könnte.
- Einige Tage später ist Beppo in der Schule. Im Religionsunterricht soll er erklären, warum er die Schule geschwänzt hat. Er beginnt mit den Worten: „Ich bin getauft und deshalb …" Setze seine Erklärung fort und erzähle sie deiner Reli-Gruppe.

Gott

Wo ich gehe, bist du da.
Wo ich stehe, bist du da.
Wo ich sitze, bist du da.
Wo ich liege, bist du da.
Wenn's mir gut geht, bist du da.
Wenn's mir schlecht geht, bist du da.
Wenn ich weine, bist du da.
Wenn ich lache, bist du da.
Wenn ich spiele, bist du da.
Bei der Arbeit bist du da.
In der Schule bist du da.
Auch zu Hause bist du da.
Du bist im Himmel,
du bist auf der Erde.
Wohin ich mich wende,
du bist an jedem Ende.
Du bist immer da.

- Beschreibe in einigen Sätzen, wie
  Mose oder Elija* oder
  der heilige Franziskus oder
  Opa aus „Opas Engel"
  das Titelbild dieses Kapitels (S. 28, 46)
  deuten würden.
- Setze das Gedicht „Gott. Wo ich gehe …" in ein Bild um.

3 Von Gott und den Menschen erzählen – die Bibel

Die Bibel in deutscher, englischer, kroatischer, italienischer, chinesischer Sprache

Die Bibel – ein besonderes Buch

1 Das Bild S. 48 stellt die Bibel dar. Der Fotograf will die Besonderheit dieses Buches ausdrücken. Erkläre jemandem, der das Bild nicht kennt, auf welche Art und Weise der Fotograf das macht.

2 Male selbst ein Bild mit dem Titel „Die Bibel“. Auch dein Bild soll zeigen, dass die Bibel ein besonderes Buch ist. Was stellst du dar? Der Titel des Kapitels kann dir helfen.

3 Male eine Erzählung aus der Bibel, die du gut kennst, so, dass deine Mitschülerinnen und Mitschüler den Titel der Erzählung herausfinden.

Eure Fragen

4 Ihr habt Fragen zur Bibel. Schreibt sie in Gruppen auf große Papierblätter.

5 Sucht in diesem Kapitel Doppelseiten, die zu euren Fragen passen. Begründet eure Zuordnung.

6 Zu welchen Fragen weiß schon jemand aus der Klasse eine Antwort? Schreibt Fragen und Antworten auf.

Das weißt du schon über die Bibel

Josef und seine Brüder

T/M: Robert Haas

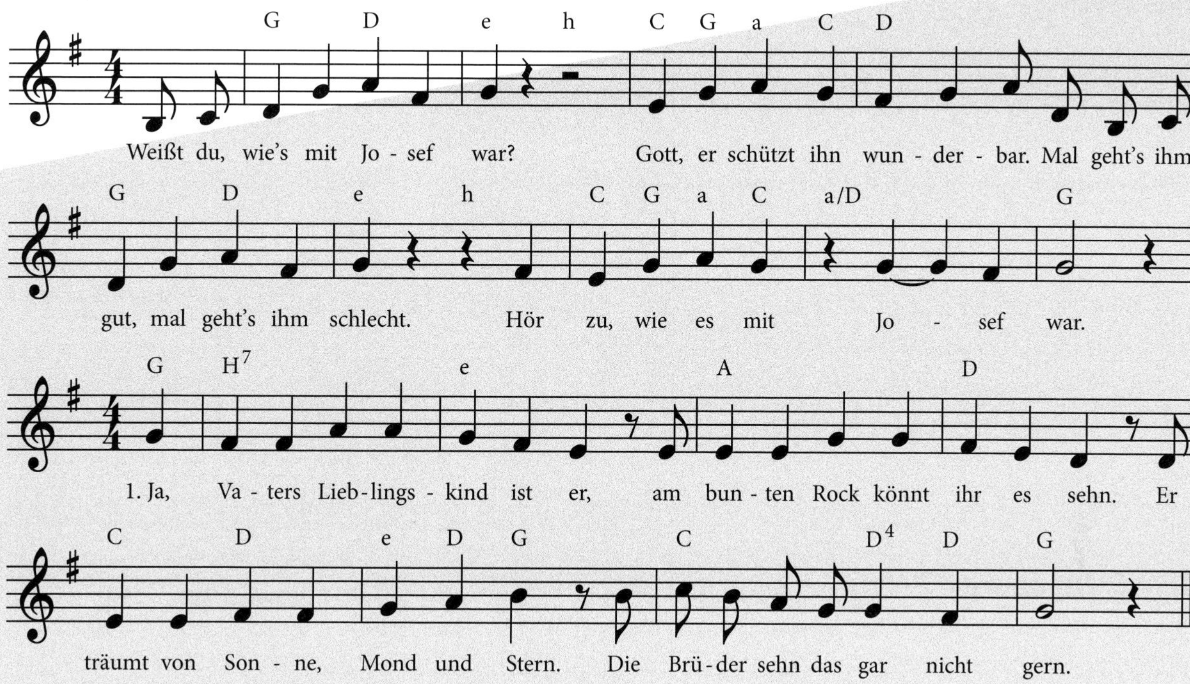

1 Notiert, was euch zur Bibel einfällt: z. B. Namen, Geschichten, Orte, Zahlen, Bilder ... und vergleicht: Sind eure Erinnerungen ähnlich? Was fällt vielen von euch ein, was nur wenigen? Die Bilder auf der linken Seite helfen euch.

2 > Erzählt euch biblische Geschichten, an die ihr euch noch aus eurer Grundschulzeit erinnert. Ordnet die Geschichten in einer Tabelle mit zwei Spalten an: Erzählen sie von Jesus oder kommt er nicht vor? Schreibt die Jesusgeschichten in eine Spalte und die anderen Erzählungen in die zweite Spalte.

3 Sortiert die folgenden Wörter in die Spalte „Altes Testament" oder „Neues Testament" ein: Maria*, Josef, Miriam, Pharao, Zöllner, Mose, Gott, Pessach, Propheten*, Jesus, König David, Elisabeth, Abraham. Denkt gut nach, denn manche gehören in beide Spalten.

4 Biblische Geschichten werden auch als Vorlage für Lieder verwendet, z. B. das Lied von Josef aus dem Alten Testament. Erinnert ihr euch an andere Lieder? Erzählt davon und singt sie.

Die Bibel entsteht nach und nach

Die Bibel ist mehr als ein Buch! Sie besteht aus einer Sammlung von einzelnen Büchern. Diese Bücher zeigen, was Gott zu den Menschen sagt und wie verschiedene Menschen davon erzählen. Die Bücher sind die Grundlage für den Glauben aller Christen. Die Bibel, unsere Heilige Schrift, ist eigentlich ein kleines Bücherregal mit zwei großen Abteilungen: dem Alten Testament und dem Neuen Testament.

Wann entstand die Bibel?

Die Bibel entstand nach und nach, im Laufe von mehreren Jahrhunderten. Zunächst haben sich die Israeliten die Geschichten immer wieder erzählt, später wurden sie aufgeschrieben.

Die mündlichen Berichte, aus denen später die Bücher des Alten Testaments entstanden, wurden ab ca. 1250 vor Christus* erzählt.

Erzählen

Lange Zeit waren die Israeliten unterwegs. Sie lebten als Nomaden*. Es bestand die Gefahr, dass Erzählungen verloren gingen. Aber den Israeliten waren ihre Erfahrungen mit Gott wichtig, sie durften nicht vergessen werden. Von Generation zu Generation erinnerten sie sich daran und erzählten davon immer wieder neu. Davon berichtet Psalm* 78, Verse 3 und 4:

3 Was wir hörten und erfuhren,
was uns die Väter erzählten,
4 das wollen wir ihren Kindern nicht verbergen,
sondern dem kommenden Geschlecht erzählen:
die ruhmreichen Taten des Herrn und seine
Stärke,
die Wunder, die er getan hat.

Ps 78,3–4

Aufschreiben

Ungefähr ab 900 vor Christus, als die Israeliten sesshaft wurden, begannen sie aufzuschreiben, was sie vorher nur mündlich weitererzählt hatten. Die Texte wurden in Buchrollen gesammelt, aufbewahrt und zusammengefügt. Diese Sammlung nennen wir Altes Testament. Ab ca. 50 nach Christus* wurden die ersten Schriften des Neuen Testaments abgefasst. Nun entstand langsam die Bibel als Buch, wie wir sie heute kennen.

Der Evangelist* Lukas berichtet am Anfang des nach ihm benannten Evangeliums seinem Bekannten Theophilus, wie er schreibt:

1 Schon viele haben es unternommen, eine
Erzählung über die Ereignisse abzufassen,
die sich unter uns erfüllt haben.
2 Dabei hielten sie sich an die Überlieferung
derer, die von Anfang an Augenzeugen und
Diener des Wortes waren.
3 Nun habe auch ich mich entschlossen,
nachdem ich allem von Beginn an sorgfältig
nachgegangen bin, es für dich, hochverehrter
Theophilus, der Reihe nach aufzuschreiben.
4 So kannst du dich von der Zuverlässig-
keit der Lehre überzeugen, in der du unter-
wiesen wurdest. Lk 1,1–4

1 Die Bibel hat einen langen Entstehungsprozess durch die Jahrhunderte durchlaufen. Gestalte in deinem > Heft eine Zeitleiste und trage wichtige Stationen ein.

2 Finde dich im Bibelregal S. 52 zurecht:
- Ordne folgende Bücher dem Alten oder dem Neuen Testament zu: Apostelgeschichte, Genesis, Psalmen, Lukasevangelium, Jesaja, 1. Thessalonicherbrief, Markusevangelium.
- Benenne das erste sowie das letzte Buch des Alten und des Neuen Testaments.
- Gib die Anzahl der Evangelien im Neuen Testament und der Prophetenbücher im Alten Testament an.

3 In dem Bibelregal S. 52 sind die Namen der biblischen Bücher notiert. Schlage eine Bibel auf und suche die Abkürzungen, mit denen die einzelnen biblischen Bücher gekennzeichnet werden. Das Evangelium nach Lukas z. B. wird mit „Lk“ abgekürzt. Finde Abkürzungen und lass die Reli-Gruppe den ganzen Namen nennen.

4 Warum haben die Menschen von ihren Erfahrungen mit Gott zunächst erzählt? Warum wurden die Geschichten schließlich aufgeschrieben? Nenne Gründe.

Sich in der Bibel zurechtfinden

Um eine bestimmte Bibelstelle zu finden, sind keine Seitenzahlen notwendig. Denn die Bibel besteht aus verschiedenen Büchern. Diese wiederum sind in Kapitel und Verse untergliedert. So kann man Bibelstellen gut finden. Zahlen und Buchstaben helfen dabei.

Ein Beispiel: 2 Sam 22,4–51

Um eine Bibelstelle zu finden, braucht ihr nur drei Informationen:

1. Wie heißt das biblische Buch?
2. Welches Kapitel wird gesucht?
3. Welcher Vers wird gesucht?

Den Namen des Buches findet man im Abkürzungsverzeichnis der Bibel und im Inhaltsverzeichnis die Anfangsseite. Das Kapitel wird durch die Zahl vor dem Komma angegeben, die Zahl (oder die Zahlen) nach dem Komma bezeichnen die Verse.

Für unser Beispiel 2 Sam 22,4–51 gilt:

- Sam: Dies ist der Name des Buches. „Sam“ ist die Abkürzung für das Buch Samuel.
- 2 Sam: Die Zahl 2 vor dem Namen gibt an, dass es sich um das zweite Buch Samuel handelt.
- 2 Sam 22: Die Zahl hinter dem Namen bezeichnet das Kapitel 22.
- 2 Sam 22,4: Die Zahl hinter dem Komma gibt den Vers 4 an.
- 2 Sam 22,4 f.: Steht ein „f.“ nach der letzten Ziffer, ist der nächste Vers einbezogen, hier also Vers 5.
- 2 Sam 22,4a: Besteht ein Vers aus mehreren Sätzen, können sie mit a (erster Satz), b (zweiter Satz) c … bezeichnet werden.
- 2 Sam 22,4–51: Der Bindestrich bedeutet „bis“ und die Zahl den Vers.

345

1 2 SAMUEL 21,10–22,

Ernte getötet, zu Beginn der Gerstenernte.
10 Rizpa, die Tochter Ajas, aber nahm Sacklei-
nen und breitete es für sich auf dem Felsen aus
vom Beginn der Ernte, bis sich Wasser vom
Himmel über die Toten ergoss. Sie ließ nicht
zu, dass bei Tag die Vögel des Himmels und
bei Nacht die Tiere des Feldes an sie heranka-
men. 11 Als David erzählt wurde, was Rizpa,
die Tochter Ajas und Nebenfrau Sauls, getan
hatte, 12 holte er die Gebeine Sauls und die Ge-
beine seines Sohnes Jonatan von den Bürgern
von Jabesch-Gilead, die sie heimlich vom
Marktplatz in Bet-Schean weggenommen hat-
ten, wo die Philister sie aufgehängt hatten, als
sie Israel am Gilboa schlugen. 13 Er ließ also von
dort die Gebeine Sauls und die Gebeine seines
Sohnes Jonatan heraufbringen.
Dann sammelte man die Gebeine der Hin-
gerichteten ein 14 und begrub sie zusammen
mit den Gebeinen Sauls und seines Sohnes
Jonatan in Zela im Land Benjamin, im Grab
von Sauls Vater Kisch. Man tat alles, was der
König befohlen hatte, und da ließ sich Gott um
des Landes willen erbitten.

1: 1 Kön 18,2; Ps 27,8 / 2: Jos 9,15.18 / 3: Gen 32,21 / 4: Num 35,31 / 6: 9,1–13 / 7: 19,25–31 / 8: 3,7; 1 Sam 25,44; 1 K… 18,19 / 9: Num 25,4 / 10: Dtn 21,22f. / 12: 1 Sam 31,12 / 14: Jos 18,28; 2 Sam 24,25

DAVIDS RETTUNG UND SEINE HELDEN: 21,15–22

15 Wieder einmal kam es zum Krieg zwischen
den Philistern und Israel. David zog mit seinen
Leuten hinab. Als sie gegen die Philister
kämpften, wurde David müde. 16 Jischbi aus
Nob, ein Rafaïter, dessen Bronze-Speer drei-
hundert Schekel wog und der mit einem neu-
en Schwert umgürtet war, sagte, er werde
David erschlagen. 17 Aber Abischai, der Sohn
der Zeruja, kam David zu Hilfe und schlug den
Philister tot. Damals leisteten die Männer Da-
vids ihm folgenden Schwur: Du wirst nicht
mehr mit uns in den Kampf ziehen, damit du
nicht die Leuchte Israels auslöschst.
18 Danach kam es bei Gob wieder zum
Kampf mit den Philistern. Damals erschlug
Sibbechai aus Huscha den Sippai, der zu den
Rafaïtern gehörte.
19 Als es wieder einmal bei Gob zum Kampf
gegen die Philister kam, erschlug Elhanan, der
Sohn Jaïrs aus Betlehem, den Goliat aus Gat,
dessen Speer einem Weberbaum glich. 20 Dar
kam es noch einmal bei Gat zum Kampf. I
trat ein Mann von riesenhafter Größe auf;
hatte an jeder Hand sechs Finger und an jede
Fuß sechs Zehen, zusammen vierundzwa
zig; auch er stammte von Rafa ab. 21 Als er I
rael verhöhnte, erschlug ihn Jonatan, der Sol
von Davids Bruder Schima.
22 Diese vier stammten von Rafa aus Gat a
sie fielen durch die Hand Davids und sein
Krieger.

15: 5,17–25; 8,1 / 17: 1 Sam 26,6; 2 Sam 18,3; 1 Kön 11,3… 18–22 || 1 Chr 20,4–8 / 18: 1 Chr 11,29 / 19: 23,24 / 1 Sam 17,10

DAVIDS DANKLIED: 22,1–51

2 22 1 David sang dem HERRN an dem Ta
als ihn der HERR aus der Gewalt all se
ner Feinde und aus der Gewalt Sauls errett
hatte, folgendes Lied:
2 Er sprach: HERR, du mein Fels und mei
Burg und mein Retter,
3 mein Gott, mein Fels, bei dem ich mi
berge, / mein Schild und Horn meines Hei
meine Feste, / meine Zuflucht, mein Retter
du rettest mich vor Gewalttat.
3 4 Ich rufe: Der HERR sei hochgelobt! / u
ich werde vor meinen Feinden gerettet.
5 Denn mich umfingen die Wellen des T
des, / die Fluten des Verderbens erschreckt
mich.
6 Die Fesseln der Unterwelt umstrickt
mich, / über mich fielen die Schlingen des T
des.
7 In meiner Not rief ich zum HERRN / u
rief zu meinem Gott / und er hörte aus seine
Tempel meine Stimme, / mein Hilfesch
drang an seine Ohren.
8 Da wankte und schwankte die Erde, / d
Grundfesten des Himmels erbebten. / S
wankten, denn sein Zorn war entbrannt.
9 Rauch stieg aus seiner Nase auf, / aus s
nem Mund kam verzehrendes Feuer, / glühe
de Kohlen sprühten von ihm aus.
10 Er neigte den Himmel und fuhr herab
zu seinen Füßen dunkle Wolken.
11 Er fuhr auf dem Kerub und flog daher; /
erschien auf den Flügeln des Windes.
12 Er machte Dunkelheit zu seiner Hütte
um sich herum, dunkle Wasser, dichte W
ken.

21,19 Jaïrs: vermuteter Text, vgl. Parallele 1 Chr 20,5; der Wälder: H.

22,12 dunkle: G, S und Parallele Ps 18,12; H unklar.

Die Abkürzung meint also: das 2. Buch Samuel, Kapitel 22, Vers 4 bis Vers 51.

1 Erstelle ein Merkblatt, auf dem kurz erklärt wird, wie Texte in der Bibel zu finden sind.

2 Welche Probleme würden sich stellen, wenn es die Kapitel- und Versangaben nicht gäbe? Erkläre dies.

3 Suche die folgenden fünf Stellen in der Einheitsübersetzung* der Bibel. Notiere immer den ersten Buchstaben. Die Buchstaben ergeben den Namen einer wichtigen Person im Alten Testament. Aber Vorsicht: Du musst die Buchstaben noch in die richtige Reihenfolge bringen: Joh 6,16 | Röm 11,28 | Ex 25,1 | Ps 24,7 | Mt 18,21

4 Einige Erzählungen, die in der Bibel stehen, kennst du vielleicht. Suche die Erzählungen und Texte zu den folgenden Angaben heraus. Ordne drei Stellen wichtigen christlichen Festen zu:
Gen 1,1–2,4a | Mt 5,38–39 | Lk 2,1–14 | Apg 2,1–13 | 1 Sam 17 | Mk 16,1–8 | Lk 10,30–35

5 Das Bild zeigt einen Ausschnitt aus einer biblischen Erzählung.
- Beschreibe das Bild.
- Finde die passende Erzählung in der Bibel. Gib die Bibelstelle und den Titel der Erzählung an.
- Tipp: Wenn du Aufgabe 4 auf dieser Seite erarbeitet hast, fällt dir die Lösung nicht schwer.
- Finde heraus, welchen Teil der Erzählung der Maler ausgewählt hat.

Lieder, Erzählungen, Gleichnisse und noch mehr

Textsorten im Alltag

Um sich zu verständigen, benutzen Menschen viele Textsorten – mündlich und schriftlich:

- Jemand begrüßt eine Bekannte.
- Eine andere Person befiehlt etwas.
- Du erzählst von dem Film, den du gesehen hast.
- Jemand schreibt einen Brief.
- Eine andere Person schreibt eine Rechnung.
- Du schreibst eine kurze Mitteilung per Smartphone.

Textsorten in der Bibel

Auch in der Bibel findet ihr verschiedene Textsorten. In ihnen teilt sich Gott den Menschen mit. Die Menschen drücken ihren Glauben ganz verschieden aus.

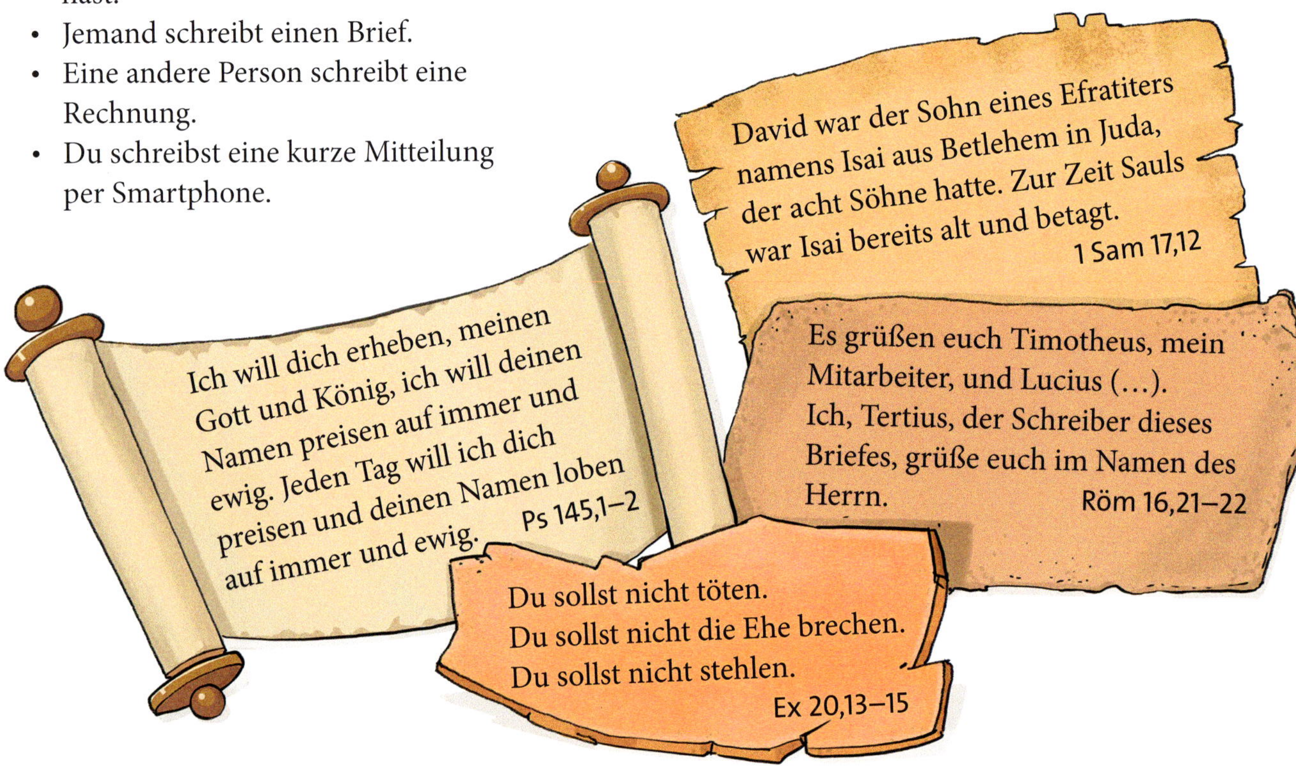

1 Wähle drei Textsorten aus deinem Alltag aus, die du kennst, und schreibe für jede Sorte ein kurzes Beispiel auf.

2 Um welche Textsorten handelt es sich bei den vier Beispielen aus der Bibel? Benenne sie und mache deutlich, woran du die Textsorte erkennst.

3 In der Bibel finden sich noch weitere Textsorten. Lies Spr 26,27a | Mt 6,9–13 sowie Mk 1,29–31 und benne die Textsorte für diese Bibelstellen.

Das Gleichnis

Vor allem im Neuen Testament steht an vielen Stellen eine besondere Textsorte – das Gleichnis. In den Evangelien steht, dass Jesus viele Gleichnisse erzählt hat.

Ein Gleichnis will durch Bilder und Vergleiche den Zuhörern und den Leserinnen etwas über das Reich Gottes (S. 82) nahebringen. Jesus erzählt z. B. von Familien, aus der Arbeitswelt, von Königen und aus der Landwirtschaft. Er zeigt, was Gott für die Menschen will und wie das Reich Gottes damals und heute Wirklichkeit werden kann.

Da zu Jesu Herde ich gehör' *T: Luise von Hayn, 1778, leicht modifiziert / M: volkstümlich*

4 Lies das Gleichnis vom verlorenen Schaf in Lk 15,3–6 und erzähle es nach.

5 Lies nun Lk 15,7 und erkläre, wie der Evangelist Lukas die Erzählung von den Schafen als ein Gleichnis deutet.

6 Das Lied verändert das Gleichnis. Stelle genau dar, wen der Liedtext nun mit Schaf, Hirte und Herde meint.

7 Male ein Bild oder eine Bilderfolge zu Lk 15,3–6. Darin drückst du aus, wie du die Erzählung als Gleichnis verstehst. Der Liedtext hilft dir dabei.

Israel vor 3000 Jahren

In den Erzählungen, Berichten, Liedern der Bibel kommen unterschiedliche Menschen vor. Sie wohnten fast alle in Israel. Um Texte der Bibel verstehen zu können, ist es wichtig, das Leben der Menschen zu einer bestimmten Zeit ein wenig zu kennen.

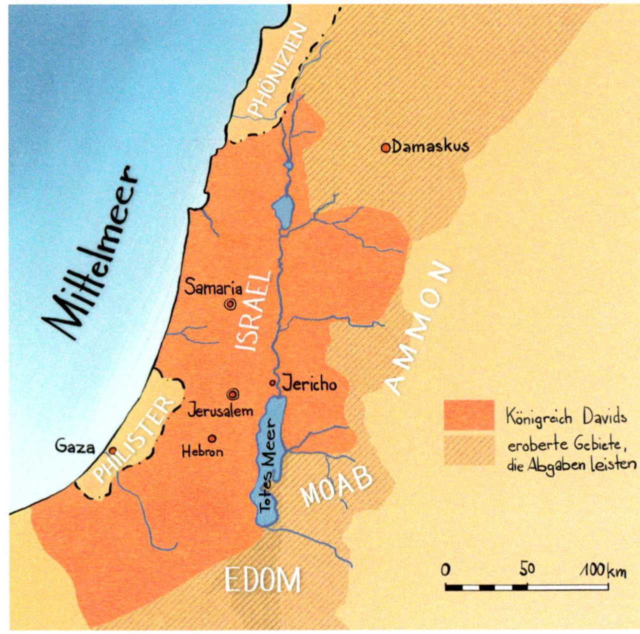

Wie groß war das Land?

Israel liegt am östlichen Rand des Mittelmeers. Die Israeliten hatten zwischen 1000 und 940 vor Christus* die Gebiete benachbarter Völker – z. B. Edom, Moab und Ammon – erobert. Heute liegen die Türkei, Syrien und Ägypten in der Nähe des Staates Israel.

Wer regierte das Land vor ungefähr 3000 Jahren?

Zunächst bestand das Volk Israel aus zwölf Stämmen, die jeweils für sich lebten. Sie schlossen sich aber immer mehr zusammen und wählten einen gemeinsamen König. Er regierte alle Stämme, also ganz Israel.

Wie übten die Israeliten zu dieser Zeit ihre Religion aus?

Die Israeliten glaubten an Gott, den sie in ihrer Sprache Jahwe* nannten. Sie hatten keine festen Gotteshäuser. An einigen Orten bauten sie Altäre, an denen Priester dem Gott Israels opferten. Es gab auch Propheten*, die darauf achteten, dass die Menschen nach dem Willen Gottes lebten.

1 Ganz Israel hatte nacheinander nur drei Könige, dann zerfiel das Land in zwei Teile. Nenne die Namen dieser Könige. Dafür lies: 1 Sam 10,20–24 | 2 Sam 5,1–4 | 1 Kön 1,30.32–34.38 f.

2 Lies 1 Sam 8,10–19. Stelle in drei Sätzen dar, wie der Prophet das Volk Israel vor einem König warnt. Lies nun 1 Sam 10.10–24 und erzähle, was trotzdem passiert ist.

Wie sah das Zuhause der Menschen aus?

Um 1000 vor Christus lebten einige Israeliten in Dörfern oder kleinen Städten. Sie hatten feste Lehmhäuser. Andere wohnten in großen Zelten, weil sie manchmal mit ihren Schafen, Ziegen und Kamelen den Weideplatz wechselten. Auch Kinder und Jugendliche aus den bäuerlichen Familien hüteten die Herden.

3 Auf dem Bild gibt es viel zu entdecken. Erzähle aus dem Leben eines Jungen oder eines Mädchens im alten Israel.

4 Unterteile ein Blatt Papier in vier Teile. Male oder schreibe in jedes Teil etwas über das Leben im alten Israel. Gib deinen Bildern passende Überschriften.

5 Kann man die biblischen Texte auch verstehen, ohne etwas über das Leben von damals zu wissen? Nimm Stellung.

Die Bibel erzählt von Menschen: König David

David wird gesalbt*

In der Bibel wird von vielen Menschen erzählt – von kleinen und großen, von jungen und alten, von Männern und Frauen.
Manchmal kommt nur ein einziges Erlebnis eines Menschen vor. Von einigen Menschen aber erfahren wir viel. Die Bibel erzählt, wie Menschen ihr Leben im Vertrauen auf Gott gestalten:

- wie sie von Gott hören,
- wie Gott ihnen in einer schwierigen Situation einen Weg zeigt,
- wie ihnen Gott beisteht.

Ein Mensch, von dem im Alten Testament viel erzählt wird, ist König David. Er war vor ungefähr 3000 Jahren der zweite König der Israeliten. Der erste König hieß Saul.

1 David war nicht der Sohn eines Königs, der seinem Vater auf dem Thron folgt. Er wurde von Gott erwählt und vom Propheten* Samuel gesalbt. Lies dies in 1 Sam 16,1–13 nach.

2 Gestaltet in Gruppen ein > Rollenspiel zu der Erzählung von der Salbung Davids. Spielt die Erzählung erst ab Vers 6 nach. Überlegt genau, wie ihr die Stimme Gottes einbezieht und wie ihr die Salbung gestaltet. Führt das Spiel eurer Klasse vor.

3 Bezieht das Bild „Herzauge" auf die Erzählung von der Salbung Davids (1 Sam 16,1–13). Besprecht zunächst das Bild: Was bedeuten die einzelnen Teile? Ordnet dann den Bildteilen Eigenschaften und Fähigkeiten Davids zu und begründet eure Entscheidung.

4 Male Bilder in zwei Spalten: Zeichne in die erste Spalte einen König, wie du ihn dir vorstellst. In die zweite Spalte male den König David, wie ihn die Erzählung – besonders 1 Sam 16,7 – sieht. Vergleicht eure Bilder.

Das Bild ist schon fast 2000 Jahre alt. Es zeigt den Propheten Samuel und David im Kreis seiner Brüder. Der Prophet hat ein Horn mit wertvollem Öl in der Hand. Durch den Hintergrund in goldener Farbe will der Maler ausdrücken, dass die Salbung Davids ein Auftrag Gottes ist.

5 Vergleiche das Bild mit der Erzählung von der Salbung Davids. Erkläre, welchen Satz aus der Erzählung das Bild wiedergibt.

6 Der Maler hat die Salbung Davids auf seine Weise gedeutet. Überprüfe, welche Einzelheiten der Erzählung er verändert oder weggelassen hat.

7 David trägt auf dem Bild ein purpurfarbenes Gewand. Diese Farbe war besonders wertvoll. Der Hirtenjunge David hat dieses Gewand sicher nicht getragen. Begründe die Verwendung der Farbe Purpur im Bild.

David besiegt Goliat – auf Gott vertrauen und groß rauskommen

Als Saul noch König von Israel war, führten die Israeliten Krieg gegen das kleine, aber starke Heer der benachbarten Philister. Bevor es zum Kampf der beiden Heere kam, trat bei den Philistern ein besonders starker und großer Krieger auf – er hieß Goliat. Er forderte einen Zweikampf gegen einen Soldaten der Israeliten. Unter den Israeliten fand sich zunächst keiner, der den Mut hatte, gegen Goliat anzutreten. Doch dann kam ein kleiner Hirtenjunge – er hieß David.

1 Lest die spannende Geschichte in 1 Sam 17 nach. Teilt dazu das lange Kapitel in Abschnitte ein und legt fest, wer von euch einen Abschnitt vorliest.

2 In der Erzählung begründet der Hirtenjunge David, woher er den Mut nimmt, gegen Goliat zu kämpfen. Suche diese Sätze in dem Text, schreibe sie in dein > Heft und vergleicht sie miteinander.

3 Das Bild zeigt die Gesichter von David und Goliat nicht. Stellt euch vor, wie ihre Gesichter aussehen, und malt sie auf ein Blatt Papier. Zeigt eure Bilder euren Mitschülerinnen und Mitschülern und erklärt, warum ihr sie so gezeichnet habt.

klein – groß?

Glaubst du, du bist noch zu klein,
um deinen Mann zu stehen?
Dann kriegen die Großen dich klein,
noch bevor du groß genug bist.

nach Erich Fried

4 David und Goliat haben sehr unterschiedliche Stärken und Schwächen. Sucht sie in 1 Sam 17 heraus und stellt sie in zwei Spalten einander gegenüber.

5 Die Israeliten mussten noch weitere Kriege gegen viele Gegner führen, die manchmal stärker waren als sie. Stell dir vor, du bist ein Israelit oder eine Israelitin am Abend vor einem Kampf. Erzähle in dieser Rolle die Geschichte von David und Goliat neu.

6 „Die stärkere Person gewinnt." Erzähle von Situationen, in denen dieser Satz richtig oder falsch ist.

7 Die Erzählung vom kleinen David und großen Goliat, das Bild und das Gedicht auf dieser Seite sagen etwas zum Verhältnis „klein zu groß". Besprecht, wie das Verhältnis der „Großen" zu den „Kleinen" in den drei Materialien dargestellt wird.

8 Lara schreibt eine Schulaufgabe im Fach Mathematik. Sie hat nicht geübt und so bittet sie Gott, er möge ihr helfen und für eine gute Note sorgen. Besprecht miteinander: Was kann Lara für ihren Wunsch aus der Geschichte von David und Goliat lernen? Lies dafür noch einmal 1 Sam 17,34–36.

Freunde fürs Leben: David und Jonatan

Die Bibel berichtet weitere Erlebnisse von David, bis er später König von Israel wird. Vor allem wird von der Freundschaft zwischen David und Jonatan erzählt, dem Sohn von König Saul. Im Alten Testament ist aufgeschrieben, dass Saul David beim Kampf gegen Goliat kennenlernt und sie miteinander sprechen.

1 Nach dem Gespräch Davids mit Saul
schloss Jonatan David in sein Herz. Und Jo-
natan liebte David wie sein eigenes Leben.
2 Saul behielt David von jenem Tag an
bei sich und ließ ihn nicht mehr in das Haus
seines Vaters zurückkehren.
3 Jonatan schloss mit David einen Bund, weil
er ihn wie sein eigenes Leben liebte.
4 Er zog den Mantel, den er anhatte, aus und
gab ihn David, ebenso seine Rüstung, sein
Schwert, seinen Bogen und seinen Gürtel.
5 David zog ins Feld und überall, wohin Saul
ihn schickte, hatte er Erfolg, sodass Saul ihn
an die Spitze seiner Krieger stellte. David war
beim ganzen Volk und bei den Dienern Sauls
beliebt.
(…)
28 Als Saul immer deutlicher erkannte, dass
der Herr mit David war, ...
29 fürchtete er sich noch mehr vor David.
So wurde Saul für alle Zeit zum Feind Davids.
19,1 Saul redete vor seinem Sohn Jonatan und
vor allen seinen Dienern davon, dass er Da-
vid töten wolle. Sauls Sohn Jonatan aber hatte
David sehr gern;
2 deshalb berichtete er David davon und
sagte: Mein Vater Saul will dich töten. Nimm
dich also morgen früh in Acht, verbirg dich
in einem Versteck!
3 Ich aber will hinausgehen und auf dem
Feld gerade dort zu meinem Vater hintreten,
wo du bist. Dann werde ich mit meinem
Vater über dich reden. (…)
4 Jonatan redete also zugunsten Davids mit
seinem Vater und sagte zu ihm:
(…)
5 Warum willst du dich nun versündigen
und unschuldiges Blut vergießen, indem du
David ohne jeden Grund tötest?
6 Saul hörte auf Jonatan und schwor: So
wahr der Herr lebt, David soll nicht umge-
bracht werden. 1 Sam 18–19

1 Beschreibe zuerst, wie sich das Verhältnis von König Saul zu David entwickelt.

2 Nun erkläre, was an der Freundschaft zwischen Jonatan und David besonders ist.

3 Gott, der Herr, rettet David das Leben. Beurteile diesen Satz.

Viele Sprichwörter verdeutlichen, wie wichtig Freundschaft ist. Die folgende Auswahl betont jeweils einen Aspekt der Freundschaft.

- Suche deine Freunde mit Sorgfalt – die Feinde finden sich von alleine.
- Suche dir Freunde, bevor du sie brauchst.
- Der einzige Weg, Freunde zu haben, ist, Freund zu sein.
- So notwendig wie die Freundschaft ist nichts im Leben.
- Der Sieger hat viele Freunde, der Besiegte hat gute Freunde.
- Freunde, die man mit Geld kaufen kann, sind billig.
- Den sicheren Freund erkennt man erst in unsicherer Lage.
- Wer einen Freund hat, der braucht keinen Spiegel.

4 Es gibt nicht nur Freundschaftsbänder, sondern noch viele andere Symbole* und Möglichkeiten, dem anderen seine Freundschaft auszudrücken. Stellt sie euch in der Reli-Gruppe vor.

5 Suche dir drei Sprichwörter zur Freundschaft aus, die dir am wichtigsten sind, und schreibe sie in dein > Heft. Führt dann zusammen ein Gespräch über die Bedeutung von Freundschaft.

6 Ordne der Erzählung von Jonatan und David die Sprichwörter zu, die zu ihrer Freundschaft passen.

„Herr, du mein Fels" – Psalmen

Sprachbilder in unserem Alltag

In unserem Alltag finden sich viele Sprachbilder. Sie kommen z. B. in verschiedenen Redensarten vor:

- alles für die Katz'
- an die große Glocke hängen
- auf den Arm nehmen
- an einem Strang ziehen
- aus dem Kopf schlagen
- ab durch die Mitte

Sprachbilder des Glaubens: Psalmen*

Psalmen enthalten Sprachbilder, in denen verschiedene Lebenserfahrungen der Menschen – z. B. Angst, Freude, Trauer – zum Ausdruck kommen. In den Psalmen wird deutlich, dass die Menschen auf Gott vertrauen und von ihm Hilfe erwarten. Die Psalmen, mit denen die Menschen ihre Gedanken und Gefühle vor Gott aussprechen konnten, entstanden vor ungefähr 2500 Jahren.

Die Bibel erzählt, dass König David auch ein Sänger und Dichter gewesen sei. Viele Psalmen sollen von ihm stammen. Sie beginnen mit den Worten: „Ein Psalm Davids".

1 Erkläre die Redensarten und Sprachbilder.

2 Welche Redensarten werden durch die Bilder dargestellt? Benenne sie.

3 Kennt ihr noch weitere Sprachbilder? Spielt sie euch gegenseitig vor, sodass die Gruppe die Redensart nennen kann.

Psalmverse

Ps 18,3: Herr, du mein Fels und meine Burg.

Ps 31,13: Ich bin geworden wie ein zerbrochenes Gefäß.

Ps 88,4: Mein Leben berührt die Totenwelt.

Ps 73,23: Du hast meine Rechte ergriffen.

Ps 18,30: Mit meinem Gott überspringe ich Mauern.

10 Sie, die saßen in Dunkel und Finsternis,
gefangen in Elend und Eisen,
11 denn sie hatten sich widersetzt den Worten Gottes
und verachtet den Ratschluss des Höchsten,
12 da beugte er ihr Herz durch Mühsal,
sie stürzten und es gab keinen Helfer.
13 Sie schrien zum Herrn in ihrer Bedrängnis
und er rettete sie aus ihren Nöten,
14 er führte sie heraus aus Dunkel und Finsternis
und ihre Fesseln zerriss er.
15 Sie sollen dem Herrn danken für seine Huld,
für seine Wundertaten an den Menschen,
16 denn er hat zerbrochen die Tore aus Bronze
und die Riegel aus Eisen hat er zerschlagen.

Ps 107,10–16

4 Lest die kurzen Psalmverse leise durch. Benennt die Gefühle, die sie zum Ausdruck bringen, oder lasst die Stimmung der Psalmworte in einem > Standbild deutlich werden.

5 Gestalte den Psalmvers, der dir am besten gefällt. Du kannst z. B.:
- den Vers in einer besonderen Schrift schreiben.
- Situationen aus deinem Leben dazumalen, die zu dem Vers passen.
- einen eigenen Psalmvers schreiben, ihn verzieren oder ein Bild hinzufügen.

6 Auch in diesem Ausschnitt des Psalms 107 findest du Sprachbilder. Wähle einige aus und schreibe sie in dein > Heft.

7 Schreibe einen eigenen Text, der die Sprachbilder des Psalmabschnitts in wirkliche Situationen übersetzt, z. B.: „Ein Mädchen / ein Junge saß allein im Zimmer. Sie/er hatte keine Hoffnung mehr, wieder eine Freundin oder einen Freund zu finden …“ Lest eure Texte vor und besprecht, wie ihr den Psalmabschnitt übersetzt habt.

Zeigt, was ihr könnt!

Einen Bibeleinband entwerfen

Um die Bibel, die für viele Menschen ein wertvolles Buch ist, auch schön zu gestalten, gibt es mehrere Möglichkeiten. Du kannst z. B. einen besonderen Einband für deine Bibel oder für die Schulbibel entwerfen.

- Gestalte auf einem großen weißen Blatt einen Einband für die Vorder- und die Rückseite sowie für den Buchrücken.
- Du kannst auf den Einband malen und schreiben: Notiere auch die Bibelstellen, die du magst, mit ihrer Abkürzung und ihrem Titel.
- Durch deinen Entwurf soll die Bibel als ein besonderes Buch, in dem Menschen von ihren Erfahrungen mit Gott erzählen, sichtbar sein.
- Wer geschickt ist, fertigt die Skizze in der richtigen Größe an, schneidet sie aus und bindet eine Bibel ein.

Aus der Bibel vorlesen

Lest euch gegenseitig aus der Bibel Erzählungen oder Psalmen* vor. In den Wochen nach der Arbeit mit diesem Kapitel eröffnet ihr jede Religionsstunde, indem ein oder zwei Schülerinnen oder Schüler der Gruppe einen Text vorlesen.

- Wer an der Reihe ist, sucht sich zu Hause den Text aus, den sie oder er vortragen möchte, und übt dies. Du kannst den Text auch mit der Lehrerin oder dem Lehrer absprechen.
- Beim Lesen gibst du die Stelle des Textes in der Bibel und den Titel an.
- Begründe, warum du gerade diese Stelle ausgesucht hast.

Nachschlagen – Wiederholen – Erklären

Folgende Begriffe und Stichworte kommen im Kapitel vor. Schlage nach und schreibe sie mit den Erklärungen in dein > Heft:

- Psalm
- Bibelstelle angeben
- Gleichnis
- Aufbau der Bibel
- König David

Bibelteilen

Die Bibel ist ein heiliges Buch, weil in ihren Texten Gott durch Menschen zu den Menschen spricht. Außerdem gibt es viele Christen, denen dieses Buch ganz wichtig ist. Sie wollen die Texte verstehen und ihr Leben nach ihnen gestalten. Deshalb finden sie verschiedene Formen des Bibellesens. Eine Form nennt man Bibelteilen.

Diese wird in sieben Schritten durchgeführt.

- Gott **einladen** mit einem Lied, z. B. „Gottes Wort ist wie Licht in der Nacht“
- Bibeltext **lesen** – möglichst jeder einen Vers reihum
- **Verweilen** – einen Satz oder ein Wort suchen, das mich heute besonders anspricht
- **Schweigen** – eine kurze Zeit still sein und Gott zu mir sprechen lassen
- **Teilen** – das Wort oder den Satz den anderen mitteilen
- **Handeln** – besprechen, wie das Wort Gottes das Handeln von Menschen beeinflussen kann
- **Beten** – miteinander beten oder singen, z. B. Fürbitten formulieren, das Vaterunser oder ein Segensgebet sprechen

Einigt euch auf eine Erzählung, einen Psalm oder eine andere Bibelstelle aus diesem Kapitel. Setzt euch in den Stuhlkreis und probiert einmal das Bibelteilen in sieben Schritten aus. Sprecht danach über eure Erfahrungen.

Gottes Wort ist wie Licht in der Nacht

T: Hans-Hermann Bittger, 1983 / M: Joseph Jacobsen, 1935

- Erkläre am Text dieses Liedes, was ein Sprachbild ist.
- Der Liedtext ist eine Nachdichtung von Ps 119,105. Finde neue Sprachbilder, die zu dem Lied passen, z. B.: „Gottes Wort ist wie Wasser in der Wüste …“
- Singt das Lied sowohl mit dem abgedruckten Text als auch mit euren Texten.
- Benenne Situationen, in denen dieses Lied für einen Menschen wichtig sein kann.

4 Jesus von Nazaret – Leben und Botschaft

Von Jesus erzählen

Das Neue Testament erzählt aus dem Leben des Jesus von Nazaret, der der Sohn Gottes ist.

Es erzählt,
- wo Jesus gelebt hat.
- was Jesus verkündigt hat.
- wie Jesus auf kranke, blinde und benachteiligte Menschen zugegangen ist.
- wie Jesus seinen jüdischen Glauben gelebt hat.
- welche Berufe Menschen um ihn herum ausgeübt haben.
- dass es römische Soldaten gab, die das Land Jesu besetzt hatten.
- wie verschiedene Gruppen aus seiner Umgebung damals zu den Römern standen.
- von der Kreuzigung und der Auferstehung Jesu.

Es erzählt nicht,
- wie Jesus ausgesehen hat.
- was er in seiner Jugend gemacht hat.
- wie alt er genau geworden ist.
- ob er in die Schule gegangen ist.
- welche Krankheiten er gehabt hat.
- worüber er gelacht hat.
- welche Kleidung er gerne getragen hat.

1 Schreibe die linke Spalte der Tabelle in dein > Heft. Notiere, auf welchen Seiten dieses Kapitels die genannten Einzelheiten behandelt werden. Achtung: Ein Thema kommt nicht vor.

2 Lies die Aussagen zu Jesus in der rechten Spalte. Diskutiert gemeinsam, warum im Neuen Testament davon nichts erzählt wird.

3 Schaue dir das Bild von Jesus am Kreuz auf S. 70 an. Beschreibe Unterschiede zu Bildern von Jesus, die du z. B. aus der Grundschule kennst.

4 Nenne Gründe, warum der Maler Jesus kein Gesicht gemalt hat. Beurteile die Entscheidung des Malers.

5 Male ein Bild von Jesus. Damit zeigst du, wie du ihn siehst. Zeige dein Bild der Reli-Gruppe und erkläre es.

Das weißt du schon von Jesus

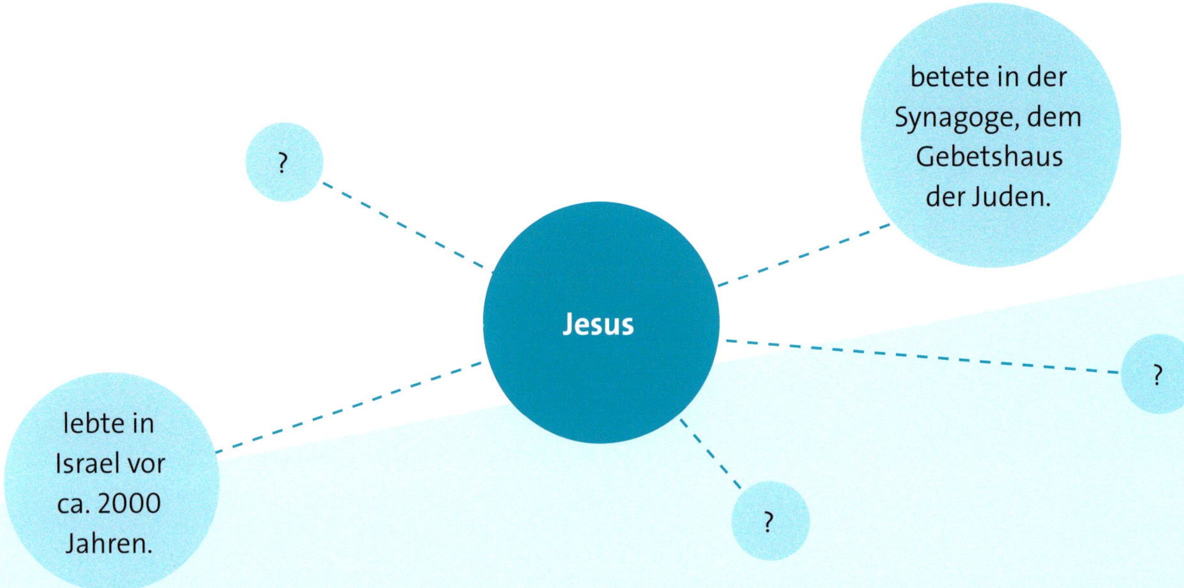

1 Zeichne die Kreise in dein > Heft. Ergänze dort, was du über das Leben von Jesus weißt.

2 Besprich dich mit deinen Nachbarn und ergänze deren Einträge in einer anderen Farbe.

3 Setzt euch dann in Gruppen zusammen und tauscht eure Ergebnisse aus.

4 Notiere dir Fragen, die dir zu Jesus einfallen. Nach der Arbeit mit diesem Kapitel kannst du sie besser beantworten (siehe S. 88).

5 Schreibe in dein Heft den Satzanfang: „An Jesus fällt mir auf, dass …“ und ergänze ihn.

6 Schaue das Bild S. 73 an und benenne Einzelheiten, die dir aus den Erzählungen von Jesus bekannt sind.

7 Schlage drei der angegebenen Stellen nach und suche sie im Bild:
Lk 2,1–14 | Lk 15,3–6 | Lk 19,1–10 | Mk 10,46–52 | Mt 27,38 | Mk 2,1–12 | Mk 4,35–41

8 Suche auf der Karte S. 75 die Orte, die in den Bibelstellen angegeben sind.

Das Land, in dem Jesus lebte

Jesus war Jude und lebte vor ca. 2000 Jahren in Palästina. In einem Teil des damaligen Palästina liegt heute der Staat Israel.

Das Gebiet gehörte wie fast alle Länder rund um das Mittelmeer zum Römischen Reich. Außerdem gab es einen jüdischen König, der Herodes hieß. Um das Land besser regieren zu können, war es in mehrere Verwaltungsbereiche – sogenannte Provinzen – eingeteilt. Galiläa und Judäa waren zwei davon.

Das Land grenzt an das Mittelmeer. Hinter dem Flachland an der Küste erheben sich Hügel. Der Jordan fließt in einem tiefen Tal durch den See Gennesaret ins Tote Meer.

In Galiläa liegt auch der Ort Nazaret. Dort verbrachte Jesus seine Kindheit. Die Bauern bauten Gerste, Weintrauben, Feigen und Oliven an. Auf dem trockenen Weideland hüteten Hirten ihre Schaf- und Ziegenherden.

Am See Gennesaret

Als Jesus etwa 30 Jahre alt war, begann er öffentlich aufzutreten und von Gott zu predigen. Er verließ Nazaret und wanderte durch Galiläa. Dabei verbrachte er viel Zeit in den Dörfern am See Gennesaret.

Dort liegt die kleine Stadt Kafarnaum. Im Neuen Testament wird erzählt, dass Jesus manchmal hier war. Er begegnete vielen Menschen und lehrte in der Synagoge (S. 81).

In Judäa befand sich die Hauptstadt Jerusalem mit dem Tempel*. Jerusalem liegt auf einem Hügel und war von König David (vgl. S. 61 in Kap. 3) zur Hauptstadt gemacht worden.

In Judäa gibt es fruchtbare Ebenen, Gebirge, Wüste und das Tote Meer. Viele Menschen lebten dort als Hirten von der Viehzucht.

Am Fluss Jordan

Landschaft in Judäa

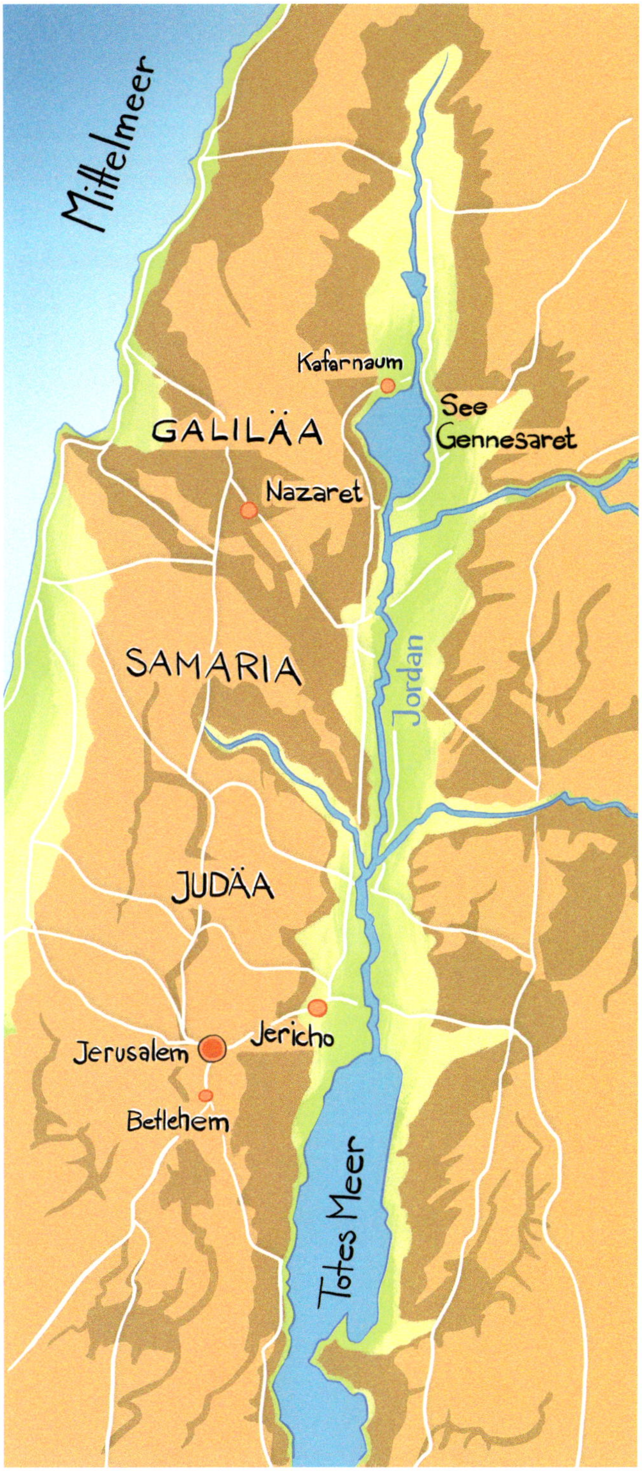

1 Betrachte die Karte und stelle zusammen, welche Städte und Orte in Galiläa und in Judäa liegen.

2 Übertrage die Karte in Umrissen in dein > Heft.

3 Schlage in der Bibel folgende Stellen nach und suche die Orte auf der Karte: Lk 2,4 | Mt 2,1 | Mt 4,13 | Mt 19,1 | Mt 20,17 | Mt 20,29. Male Symbole* für die Geschichte in deine Karte, z. B. Jerusalem: Kreuz ...

4 Zeichnet in Gruppen von vier Schülerinnen und Schülern auf ein > Plakat Einzelheiten, die zur Heimat Jesu gehören, z. B. Landschaften, Provinzen, Früchte. Malt keine Landkarte, sondern ein buntes Bild, das die Vielfalt des Landes zeigt. Stellt euch eure Plakate gegenseitig vor.

Ein Tag in einer jüdischen Familie

Bei Judit und David in Kafarnaum

„Aufstehen, Kinder!“, weckt die Mutter Judit und David. Die beiden schlafen auf Matten am Boden, die tagsüber zusammengerollt werden. Das kleine Flachdachhaus besteht aus selbst gebrannten Lehmziegeln mit kleinen Fenstern und Türen. Es hat nur ein Zimmer. Bei schlechtem Wetter wird dort gegessen, gekocht und gearbeitet.

Meistens ist es aber warm. Das Feuer brennt vor dem Haus und das Leben spielt sich im Hof ab.

Die Mutter hat sich schon wieder an die Arbeit gemacht. Jeden Morgen mahlt sie aus Körnern Mehl und backt frisches Brot. Zwischen zwei Steinen werden die Körner zerrieben. Im Feuer vor dem Haus wird ein großer flacher Stein sehr heiß gemacht. Darauf legt die Mutter den Teig und backt dünne Fladenbrote. Vor dem Essen werden die Speisen gesegnet. Dann lässt es sich die Familie schmecken. Sie sitzen auf dem Boden und essen alle aus einer Schüssel. Zum Frühstück gibt es Brot, Milch und Früchte, z. B. Feigen. Am Abend wird oft Fisch zubereitet und manchmal Fleisch, das im Feuer gebraten wird. Dazu gibt es Gemüse, Brot und Wasser.

Der Vater ist Handwerker. Neben dem Haus hat er sich eine kleine Werkstatt gebaut. Auch David wird später einmal denselben Beruf ausüben. Das ist bei Jungen damals so üblich. Die Frauen kümmern sich um die Kinder, die Tiere und das Haus.

Da es noch keine Wasserleitung und keinen Strom gibt, ist alles viel mühsamer als heute. Das Wasser muss täglich vom Brunnen in Krügen geholt werden. Judit hilft ihrer Mutter dabei. Sie hat auch die Aufgabe, Brennholz zu sammeln und kleinere Aufgaben im Haushalt zu übernehmen. Die Familie von Judit und David besitzt auch Tiere: zwei Schafe und Ziegen, ein paar Hühner und einen Esel.

Die Jungen gehen in die Schule. Diese befindet sich in der Synagoge, dem Gebetshaus der Juden. Dort lernen sie lesen und schreiben, damit sie die Gebote und die Tora* lesen und auswendig lernen können. Mathe, Englisch oder Sport gibt es damals noch nicht.

Am Abend sitzt die Familie beim Essen. Alle erzählen, was sie am Tag erlebt haben. Danach müssen die Kinder schlafen. Das ist vor 2000 Jahren genauso wie heute.

1 Lies die Erzählung. Vieles davon kannst du auf dem Bild S. 77 entdecken. Beschreibe.

2 Schreibe selbst eine Geschichte, die erzählt, wie ein Tag im Leben eines Kindes heute aussieht. Vergleicht den Tag mit der Zeit vor 2000 Jahren und sprecht über die Unterschiede.

3 Auf den zugehörigen S. 78 und 79 findest du Informationen zu den Berufen, die es zur Zeit Jesu gab. Suche auf dem Bild S. 77 nach Menschen, die diese Berufe ausüben, und beschreibe, was sie tun.

4 Auf dem Bild siehst du eine kleine Stadt zur Zeit Jesu. Schreibe deine Fragen zu dem Bild auf. Beantworte die Fragen, indem du deine Mitschülerinnen und Mitschüler, deine Lehrerin oder deinen Lehrer fragst oder dich in einem Lexikon oder im Internet informierst.

5 Erzähle, wie die Menschen auf dem Bild leben, was sie arbeiten. Achte auf Besonderheiten, die du entdeckst. Beginne den Satz mit: „Ich sehe …“ Ruft euch gegenseitig auf.

6 Suche dir einen Ausschnitt aus dem Bild und male ihn in dein > Heft. Schreibe eine kurze Geschichte dazu.

Berufe zur Zeit Jesu

Hirten

Zur Zeit Jesu war der Beruf des Hirten sehr wichtig. Der Hirte hütete die Schafe und Ziegen und kümmerte sich um sie. Jeden Abend zählte er die Tiere und prüfte, ob sie gesund waren.

Zöllner

Die Zöllner waren in der Regel Juden. Sie arbeiteten aber für die Römer, die Palästina in dieser Zeit besetzt hatten. Wer in die Stadt wollte, musste Steuern zahlen. Diese Einnahmen waren für die Römer bestimmt. Die Zöllner verlangten oft mehr Geld, damit sie einen Teil für sich behalten konnten. Dadurch wurden sie reich. Die Juden hielten die Zöllner für Betrüger. Mit ihnen wollte niemand etwas zu tun haben. Jesus musste sich auf seiner Wanderschaft durch Städte und Dörfer mit ihnen auseinandersetzen.

1 Neben dem Beruf ist „Hirt" in der Bibel auch ein Bild. Sieh im Buch auf S. 40 und S. 57 nach und erkläre, wofür der „Hirt" auch steht.

2 Im Lukasevangelium wird erzählt, wie Jesus einem Zöllner begegnet. Lest Lk 19,1–10 und besprecht, warum das Verhalten Jesu in den Augen der Juden falsch war. Beurteilt dann selbst das Verhalten Jesu.

3 Jesus ist auch Bettlern begegnet. Lies Mk 10,46–52 und zeige, wie die Menschen und wie Jesus den Bettler behandeln.

Fischer

Fischer gab es vor allem rund um den See Gennesaret.

Ihre Arbeit war hart und gefährlich. Gefahr bestand vor allem durch plötzlich auftretende Winde. Dies konnte zu haushohen Wellen führen. Unter den ersten Jüngern Jesu werden mehrere Fischer genannt.

Bauern

Die Arbeit der Bauern war mühsam, weil der Boden sehr steinig war. Es gab keine Maschinen. Ein Pflug wurde von einem oder zwei Ochsen gezogen. Manchmal musste der Bauer den Pflug sogar selbst ziehen.

Bettler

Es gab auch viele Bettler. Oft waren Kranke darunter, die keinen Beruf ausüben konnten. Die Menschen hielten Krankheit für eine Strafe Gottes. Deshalb galten Kranke als unrein und man wollte möglichst wenig mit ihnen zu tun haben. Sie wurden von ihrer Familie verstoßen und lebten von dem, was sie erbettelten.

4 Lies Mt 13,3b–8. Dort erfährst du etwas über Schwierigkeiten, die Bauern hatten. Schaue dir dazu das Foto auf S. 75 an und erzähle.

5 Jesus ist kein Reporter, der uns etwas von den Bauern zu seiner Zeit berichten will. Ihm geht es um seine Botschaft. Lies Mt 13,18–23 und beschreibe, wie Jesus von der Arbeit der Bauern erzählt und damit seine Botschaft für die Menschen verbindet.

6 Lies in der Bibel Mk 1,16–20. Male eine Skizze der Geschichte in dein > Heft. Suche eine Überschrift und schreibe die Namen der ersten Jünger Jesu dazu.

Jesus – ein Jude

Woher wissen wir, dass Jesus ein Jude gewesen ist? Es gibt eine besondere Handlung, durch die männliche Personen als Juden erkennbar werden.

Die Beschneidung

Christen werden durch die Taufe in die Gemeinschaft der Gläubigen aufgenommen. Jude ist man, wenn man eine jüdische Mutter hat. Aber es gibt noch ein Zeichen, durch das ein männlicher Säugling sichtbar in den Bund mit Gott aufgenommen wird. Das ist die Beschneidung.

Gründe für die Beschneidung

Ein männlicher Jude soll an seinem Körper ein Merkmal haben, das ihn als Juden zeigt. Es soll sein ganzes Leben lang vorhanden sein. Deshalb werden die männlichen Babys beschnitten, die kleine Vorhaut am Penis wird entfernt. Durch die Beschneidung wird das Kind Mitglied im Volk Israel.

Die Feier der Beschneidung

Am achten Tag nach seiner Geburt wird jeder jüdische Junge zur Beschneidung in die Synagoge gebracht. Die Beschneidung ist ein sehr schönes Ereignis. Während der Zeremonie wird um den Segen Gottes für das Kind gebetet, feierlich bekommt es auch seinen Namen. Zu Hause feiert die Familie mit ihren Gästen das Fest der Beschneidung. Die Gäste wünschen „Mazel Tow“ – „Herzlichen Glückwunsch“ und freuen sich, dass der Junge nun Mitglied in der jüdischen Gemeinschaft ist.

Mädchen werden ohne sichtbares Zeichen in die jüdische Gemeinschaft aufgenommen. Etwa einen Monat nach der Geburt wird in der Synagoge der Name des Mädchens bekannt gegeben, anschließend gibt es zu Hause ein großes Fest.

Bei der Beschneidung in der Synagoge

Die Beschneidung Jesu

Direkt nach der Erzählung von der Geburt Jesu schreibt der Evangelist Lukas:

„Als acht Tage vorüber waren und das Kind beschnitten werden sollte, gab man ihm den Namen Jesus …“ (Lk 2,21)

1 Erkläre den Begriff „Beschneidung“.

2 Stelle dar, welche Bedeutung die Beschneidung für Jesus hatte.

In die Synagoge gehen

Die Synagoge ist das Gebetshaus der Juden. Sie kommen dort zusammen, um ihren Gottesdienst zu feiern. Häufig gibt es in einer Synagoge auch Räume, in denen sich die Gemeinde versammelt und in denen gelernt wird. Jüdische Jungen lernten dort lesen, um später aus der Heiligen Schrift vortragen zu können.

Zur Zeit Jesu gab es viele Synagogen – selbst in kleinen Orten. Jesus besuchte sie regelmäßig. Das Heiligtum der Juden war der Tempel* in Jerusalem. Auch dort war Jesus häufiger.

3 Beschreibe eine Synagoge. Das oben stehende Bild kann dir dabei helfen.

4 Juden gehen am Sabbat – das ist der Ruhetag in der Woche – in die Synagoge. Lies Mt 4,23 | Mk 1,21–22 | Mk 6,1–2 und Lk 4,44 und beschreibe, was Jesus tut.

5 Wenn Jesus in den vielen Synagogen des Landes lehrte, strömten die Menschen herbei und hörten Jesus zu. Sie staunten und stellten sich viele Fragen. Lies Mk 6,1–5 und erkläre, warum die Zuhörer Jesu so viele Fragen hatten.

Jesus verkündet die Botschaft vom Reich Gottes

Den Messias* erwarten

Die Juden erwarteten schon lange einen, der von Gott kommt und sie rettet. Er war schon im Alten Testament angekündigt. Ein Messias – d.h. ein von Gott Gesalbter – soll kommen und das Reich Gottes errichten. Die Juden stellten sich den Messias verschieden vor:

- Die einen erwarteten einen mächtigen König, der wie König David das Land wieder groß und stark macht.
- Andere dachten eher an einen Propheten*, der den Menschen den richtigen Weg zeigt.
- Wieder andere hofften auf einen, der wie ein Priester Freiheit und Gerechtigkeit bringt.

Jesus, der Messias, verkündet das Reich Gottes

Jesus sprach zu den Juden. Seine Botschaft lautete: Die Zeit des Wartens ist erfüllt. Das Reich Gottes ist nahe. Im Reich Gottes wird den Armen eine frohe Botschaft zugesagt, die Gefangenen erhalten die Freiheit, die Blinden ihr Augenlicht und die Gebeugten werden aufgerichtet.

Viele Menschen glaubten ihm. Manche hofften, dass das Himmelreich schnell kommen werde. Himmelreich bezeichnet die Gemeinschaft der Menschen mit Gott. Sie beginnt im Leben und wird nach dem Tod vollendet. Dazu erzählte Jesus folgendes Gleichnis:

31 (…) Mit dem Himmelreich ist es wie mit einem Senfkorn,
das ein Mann auf seinen Acker säte.
32 Es ist das kleinste von allen Samenkörnern; sobald es aber
hochgewachsen ist, ist es größer als die anderen Gewächse
und wird zu einem Baum, sodass die Vögel des Himmels
kommen und in seinen Zweigen nisten. Mt 13,31–32

1 Setzt das Gleichnis vom Senfkorn in Bewegung zu Musik um. Dazu eignet sich Musik, die leise und tief anfängt und immer lauter und höher wird.

2 Zeichne einen großen Baum, in dem Vögel Schutz finden. Schreibe in die Zweige und Äste, was du tun kannst, damit das Reich Gottes wächst. Gib deinem Bild eine Überschrift und schreibe Mt 13,31–32 dazu.

3 Manchmal ist das Reich Gottes in unserem Alltag schon da. Was verändert sich, wenn ihr bei schlimmen Handlungen nicht mitmacht, sondern ihnen entgegenwirkt? Benennt Beispiele und setzt sie in kleinen Gruppen in ein > Rollenspiel um. Spielt es der Klasse vor.

Die Augen öffnen für das Reich Gottes

Jesus spricht nicht nur vom Reich Gottes. Er tut auch viel, damit das Reich Gottes beginnen kann. So öffnet er die Augen der Menschen, damit ihre Blindheit aufhört und sie mehr sehen. Die Erzählung von Bartimäus, der durch Jesus wirklich wieder sehen konnte (Mk 10,46–52), ist ein Beispiel.

Wunder erleben

Emil S. ist seit seinem 7. Lebensjahr zunehmend sehbehindert und seit langer Zeit ganz erblindet. Er wird gefragt, was in ihm vorgeht, wenn er an eine biblische Wundergeschichte, z. B. eine Blindenheilung, denkt:

„Obwohl ich keine Blindenheilung erfahren habe, habe ich viele Wunder erlebt. Es ist ein Wunder, dass ich heiraten und einen Sohn und jetzt Enkel haben konnte. Ich habe gearbeitet – und die vielen Hilfen, die es für blinde Menschen heute gibt, das sind doch alles Wunder. Diese Wunder muss man aber auch erkennen. Mein Glaube hat mir geholfen, mein Leben in einem positiven Licht zu sehen. Aber er hat mir auch gezeigt, dass man zu Gott klagen kann. Es war mir immer schon eine Beruhigung, dass Jesus abgelehnt hat, in der Blindheit eine Strafe für Sünde zu sehen. Ich durfte viele Wunder erfahren und erlebe sie täglich."

Eine blinde Person ertastet – liest – die Blindenschrift

4 Lies Mk 10,46–52 – auch wenn du die Erzählung schon kennst.

5 Besprecht den Satz: „Bartimäus werden von Jesus die Augen geöffnet, aber die Menschen um ihn herum sind noch blind."

6 Führt zu zweit ein Gespräch mit Emil S. Einer überlegt sich Fragen zu dessen Blindsein und zu den Wundern, die er erlebt. Der Partner oder die Partnerin versucht an der Stelle von Emil S. zu antworten. Das Bild von der Blindenschrift kann euch eine Hilfe sein.

7 Der Mann mit dem Geldschein vor den Augen ist auf gewisse Weise blind. Beurteilt diese Aussage.

8 Malt Bilder von Menschen, die auf ähnliche Weise blind sind wie der Mann mit dem Geldschein. Vergleicht eure Bilder und besprecht, was „das Reich Gottes nicht sehen" bedeuten kann.

Juden unter römischer Herrschaft

Mit dem Messias* gegen die Römer?

In einer kleinen Straße in Jerusalem unterhalten sich die beiden Juden Gad und Andreas. „Wie geht es deinem Bruder Johannes?“, fragt Andreas. „Seit die Römer ihn verhaftet haben, wissen wir nichts mehr von ihm. Er hatte mit einigen anderen niedrigere Steuern gefordert und dann kamen Soldaten und nahmen alle mit.“ In diesem Moment kommt eine Gruppe römischer Soldaten um die Ecke. Gad und Andreas werden still und warten, bis die Soldaten sich wieder entfernen. „Überall sind die Römer, sie überwachen uns und wollen immer mehr Geld von uns“, flüstert Andreas. „Ja, so geht es nicht weiter. Wir müssen etwas gegen die Römer und den Statthalter an ihrer Spitze unternehmen“, fordert Gad ebenso leise.

Sie gehen ein Stück die Straße hinunter und begegnen einem Zöllner. „Wie sollen wir uns gegen die Römer wehren, wenn einige von uns Juden mit ihnen zusammenarbeiten? Auch unser König Herodes ist ja ein Freund der Römer“, erwiderte Andreas enttäuscht. „Es wird schwer, wenn wir uns nur auf uns verlassen. Wir müssen auf unseren Gott vertrauen. Er hat unser Volk vor vielen Jahren aus der Sklaverei in Ägypten befreit und er wird uns auch von den Römern befreien. Da bin ich mir ganz sicher.“ Auf dem Gesicht von Gad zeigt sich ein kleines Lächeln. „Das stimmt, aber ich weiß nicht, wie wir das gegen die Römer anstellen können.“ Andreas ist traurig und ratlos.

„Gott wird uns einen Feldherrn schicken, der alle Juden vereint, und dann jagen wir die Römer aus unserem Land“, sagt Gad voller Überzeugung. „Du bist ein Träumer“, erwidert Andreas. „Die Römer sind viel zu stark, sie haben mehr Soldaten und bessere Waffen als wir.“ „Aber wir sind schlau, kennen uns im Land besser aus und mit dem Messias, den Gott uns versprochen hat, werden wir einen Weg finden.“ Andreas antwortet: „Ich glaube auch, dass der Messias kommen wird. Viele sind enttäuscht, weil es so lange dauert und es uns schlechter geht. Wenn er endlich kommt, muss er uns ohne Gewalt von den Römern befreien.“ „Jetzt träumst du aber“, entgegnet Gad, „Gott wird die Römer so schwächen, wie er das mit den Ägyptern gemacht hat. Dann schlagen wir zu.“ Andreas schüttelt den Kopf: „Wenn wir nicht auf den richtigen Messias warten, dann haben wir gar keine Hoffnung mehr. Er muss kommen und uns einen neuen Weg in die Freiheit weisen.“

1 Lest das Gespräch und setzt es in ein > Rollenspiel um.

2 Fasse den Text in drei Spalten zusammen: Beschreibe in der ersten Spalte, was die Römer in Palästina tun. Stelle in der zweiten Spalte dar, wie Gad, und in der dritten Spalte, wie Andreas die Besatzung der Römer beenden will.

Religiöse Gruppen zur Zeit Jesu

Pharisäer

„Ich komme aus der Schicht der einfachen Leute, kenne mich aber in unserer Heiligen Schrift besonders gut aus. Mir ist es wichtig, die Weisungen, die von Gott kommen, genau zu beachten. So führe ich ein Leben, das gut ist und Gott gefällt. Häufig leite ich den Gottesdienst in der Synagoge unseres Dorfes. Ich bin überzeugt, dass die Toten auferstehen werden. Und ich hoffe mit ganzer Kraft auf den Messias, der das Volk Israel retten wird."

Zelot

„Ich bin ein eifriger Kämpfer gegen die Römer. Nur Gott allein darf über unser Volk herrschen. Die Besatzung durch die Römer ist eine Schande. Wer die Römer nicht bekämpft, ist ein Sünder. Ich glaube, dass der Messias bald kommen und die Römer als ein Feldherr besiegen wird."

Schriftgelehrter

„Ich sage den Menschen, wie sie nach der Heiligen Schrift leben sollen. Dafür bin ich lange von einem anderen Schriftgelehrten unterrichtet worden und übe keinen anderen Beruf aus. Bei einer Gerichtsverhandlung sorge ich für die richtige Auslegung des Gesetzes. Ich glaube, dass Gott unser Volk durch die römische Besatzung bestraft. Wenn der Messias kommt, wird er unser Verhältnis zu Gott verbessern."

Sadduzäer

„Ich komme aus einer reichen Familie. Viele von uns Sadduzäern wirken als Priester am Tempel* von Jerusalem. Sie wählen den Hohepriester, der von den Römern anerkannt wird und große Macht besitzt. Ich glaube, dass es den Menschen im Leben so ergeht, wie sie es durch ihre Taten verdient haben. Dafür sorgt Gott. Einen Messias, der uns von den Römern befreit, erwarten wir nicht."

3 Ein Pharisäer, ein Zelot, ein Sadduzäer und ein Anhänger Jesu treffen sich auf der Straße und unterhalten sich über den Messias, die Römer und ihre Zukunft. Spielt dieses Treffen.

4 Ordne Gad und Andreas aus der Erzählung jeweils einer religiösen Gruppe zu und begründe dies.

Mein Bild von Jesus

Jesus ist ...

... einer, der viel von Gott weiß.

... einer, der für mich ist.

... ein Mann, der die Welt verändert.

... einer, an den ich glauben kann.

... vielleicht mein guter Freund.

... ein Supermann oder ein Zauberer.

... einer, der mich und alle Menschen liebt.

1 Ergänze den Satz: „Jesus ist für mich ...“. Schreibe deine Aussage auf eine Doppelseite im > Heft und gestalte sie.

2 Gestaltet in der Reli-Gruppe ein > Plakat mit euren Jesusvorstellungen.

3 Frage deine Eltern, Geschwister oder Freunde, was Jesus für sie bedeutet. Stelle die Antworten deiner Reli-Gruppe vor.

Der Messias* für uns

ein	**M**	ensch
ist	**E**	iner von uns
Je	**S**	us
kümmert	**S**	ich um mich
	I	mmer da
kennt meine	**A**	ngst
	S	ohn Gottes

Endlich einer, der sagt

Endlich einer, der sagt:
Selig die Armen!
und nicht:
Wer Geld hat, ist glücklich!
Endlich einer, der sagt:
Liebe deine Feinde!
und nicht:
Nieder mit den Gegnern!
Endlich einer, der sagt:
Selig, wenn man euch verachtet und verspottet!
und nicht:
Passt euch den anderen an!
Endlich einer, der sagt:
Wer an mich glaubt, wird leben
in Ewigkeit!
und nicht:
Was tot ist, ist tot.

nach Martin Gutl

4 Bilde aus den Anfangsbuchstaben des Wortes MESSIAS Aussagen, die zeigen, was Jesus für dich bedeutet.

5 Lest das Gedicht von Martin Gutl. Da jeder Abschnitt mit „endlich“ beginnt, können z. B. Mädchen und Jungen die Abschnitte im Wechsel lesen.

6 Im Gedicht sind Gruppen genannt, denen Jesus etwas sagt. Finde weitere Beispiele und schreibe das Gedicht weiter: „Endlich einer, der sagt ...“

7 Nimm die Körperhaltung des Menschen auf dem Bild ein. Zeigt Menschen und Situationen, in denen Jesus seine Arme ausbreitet. Ihr könnt dazu Rufe gestalten, z. B: „Kommt her, ihr Kranken und Armen. Ich werde euch trösten“, und laut sprechen.

Zeigt, was ihr könnt!

Fragen beantworten

Am Beginn dieses Kapitels S. 72 solltet ihr Fragen stellen, die ihr zu Jesus habt.

- Lest die Fragen erneut durch und beantwortet die Fragen, auf die ihr nun eine Antwort wisst. Tauscht euch darüber aus.
- Sammelt die Fragen, die ihr nicht beantworten könnt, auf einem > Plakat. Sie können für den Religionsunterricht wichtig sein.

Jesus zu seiner Zeit

Male ein Bild, das zeigt, wie Jesus zu seiner Zeit gelebt haben könnte.

- Um deine Jesusfigur herum zeichne Menschen, Gegenstände oder Situationen, die sein Leben deutlich machen.
- In Sprechblasen erzählt deine Jesusfigur von ihrem Leben unter der Herrschaft der Römer.

Jesus, der Messias

Für uns Christen ist Jesus der Messias* – der Gesalbte Gottes.

- Male Jesus als Messias. Beziehe ein, was du vom Leben Jesu, seinen Worten und Taten in diesem Kapitel gelernt hast.
- Tauscht eure Bilder aus und erklärt sie euch gegenseitig.

Von der Predigt Jesu > erzählen

Jesus hat in den Synagogen die Heilige Schrift ausgelegt und den Menschen gepredigt.

- Stell dir vor, du bist unter seinen Zuhörern. Du gehst nach Hause und erzählst deinen Freunden oder deiner Familie, was du gehört hast.
- Schreibt zu zweit einen kurzen Bericht von eurem Erlebnis in der Synagoge.
- Schildert am Anfang, wie die Synagoge aussieht, wie viele Menschen da waren, welche Stimmung herrschte, ob auch Gegner Jesu sprachen, oder findet noch andere Einzelheiten.
- Dann fasst in einigen Sätzen die Worte Jesu zusammen, mit denen er vom Reich Gottes gesprochen hat.
- Tragt euren Bericht den anderen vor.

M: Spiritual

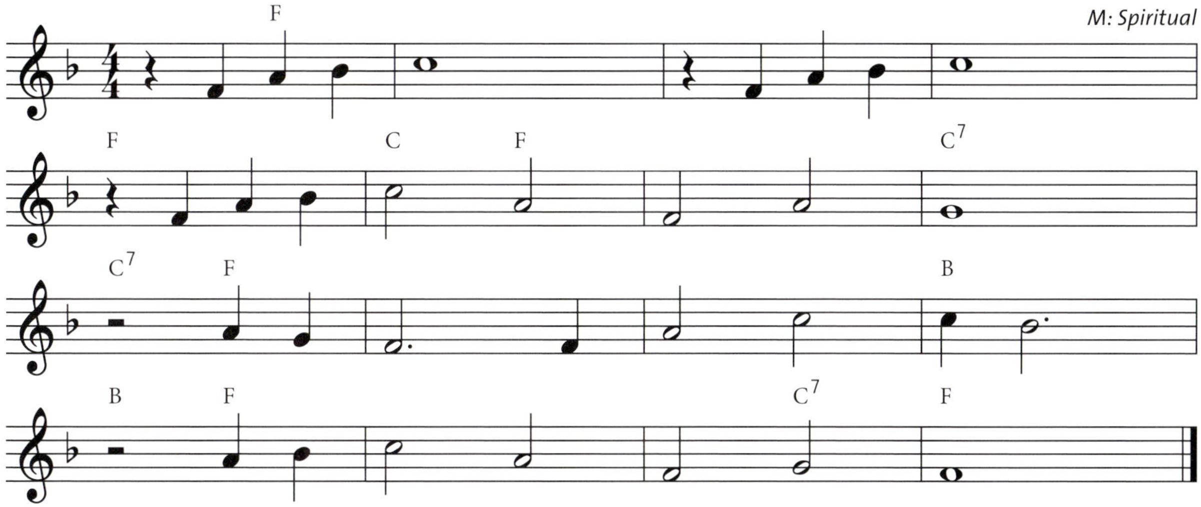

Ein Lied schreiben

Schreibt ein Lied, das wichtige Einzelheiten oder Ergebnisse aus der Arbeit mit diesem Kapitel zeigt.

Nutzt dafür eine bekannte Melodie, für die ihr einen neuen Text findet.

Die hier abgedruckte Melodie kennt ihr vielleicht unter dem Titel „Ja, wenn der Herr …“ („Oh, when the saints …“)
Beachtet bei eurem neuen Text ein paar Kleinigkeiten:

- Unter jede Note passt eine Silbe.
- Es ist gut, wenn ihr die Melodie summen könnt – dann wird es leichter.
- Nur die letzten beiden Noten der dritten Zeile können zusammen auf eine Silbe gesungen werden.
- Nehmt Worte, die nicht zu lang sind.
- Der Text der ersten Zeile kann sich in der zweiten Zeile wiederholen.
- Versucht in der gesamten Reli-Gruppe oder in kleinen Gruppen, mehrere Strophen zu texten.
- Es muss sich nichts reimen.
- Ein Beispiel, das zu der abgedruckten Melodie gesungen werden kann:
  „Jesus, mein Freund,
  Jesus, mein Freund,
  von deiner Kraft wird viel erzählt.
  Das Reich Gottes kommt mit dir,
  Menschen leben darin gut.“

Wenn ihr einige Strophen zusammengestellt habt, schreibt sie so auf, dass alle das Lied gut singen können.

Eine Ansprache vortragen

Entwerft gemeinsam eine kurze Ansprache oder Rede, in der Situationen von Unfrieden und Ungerechtigkeit heute vorkommen. Überlegt, wie Jesu Botschaft vom Reich Gottes sich in der Rede gegen diese Situationen wendet. Tragt euch die Ansprache gegenseitig vor und besprecht, wie gut sie zu eurer Arbeit mit diesem Kapitel passt.

5 Kirche – Haus und Gemeinde Gottes

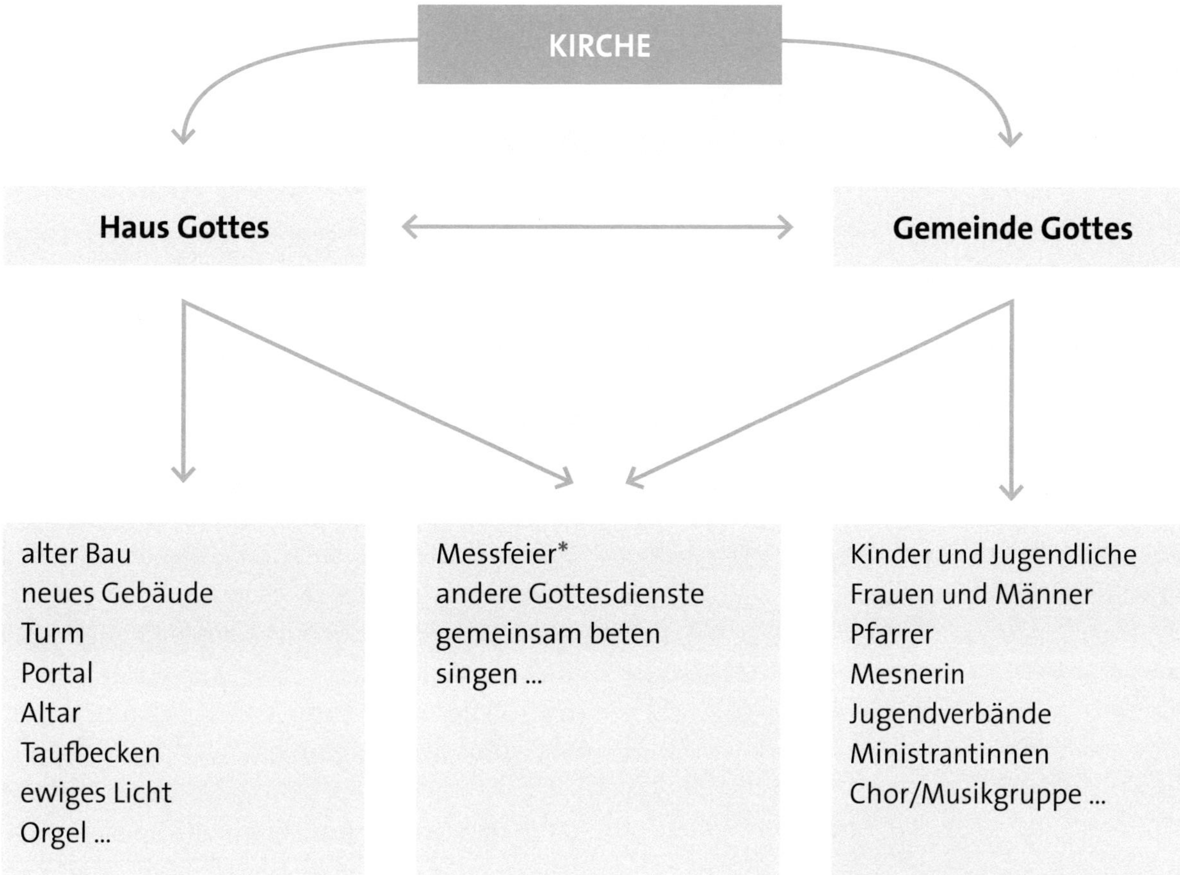

1 Schau dir die Grafik genau an und erkläre die zweifache Bedeutung des Wortes „Kirche“.

2 Besprecht die Anordnung und die Richtung der Pfeile und klärt ihre Bedeutung.

3 Im unteren Teil hat die Grafik 3 Spalten. Ordne die Doppelseiten dieses Kapitels S. 94–107 je einer Spalte zu.

4 Die Kirche feiert. Erzählt in Gruppen und schreibt Einzelheiten eines Pfarrfests auf.

5 Male ein Bild, das den doppelten Sinn des Wortes „Kirche“ zeigt. Vergleicht eure Ergebnisse.

Das weißt du schon zu „Kirche“

Die Kirchentür – ein Würfelspiel

Katholische Kirchen sind tagsüber in der Regel offen. Die offene Kirchentür lädt ein, die Kirche zu betreten und Gott nahe zu sein.

Im Würfelspiel „Kirchentür“ zeigt ihr, was ihr schon zum Thema Kirche wisst, und öffnet euch so die Tür zur Arbeit mit diesem Kapitel. Dieses Würfelspiel könnt ihr in Gruppen von jeweils vier bis sechs Spielerinnen und Spielern durchführen.

Jede Gruppe benötigt diese Spielanleitung und einen Würfel.

Spielregeln

- Ein Spieler/eine Spielerin aus jeder Gruppe würfelt: Wer die höchste Augenzahl hat, beginnt. Dann geht es im Uhrzeigersinn weiter.
- Jede gewürfelte Zahl weist auf ein Thema hin, das auf den Themenkarten steht.

Das Spiel geht über drei Runden:

1. In der ersten Runde sagt die Spielerin/der Spieler etwas zu dem Thema, das die Zahl des Würfels anzeigt. Würfelt jemand z. B. eine 3, kann er sagen: „Zur Kirchengemeinde gehört die Pfarrsekretärin.“ Die Mitspieler stellen fest, ob der Satz richtig ist. Für jeden richtigen Satz gibt es einen Punkt.

2. In der zweiten Runde sagt die Spielerin/der Spieler, der an der Reihe ist, einen Satz zum gewürfelten Thema, der richtig oder auch absichtlich falsch ist. Sobald jemand aus der Gruppe weiß, ob der Satz korrekt ist oder nicht, schlägt er mit dem Zeigefinger auf den Tisch. Er sagt, ob der Satz falsch oder richtig ist und begründet dies. Für jede zutreffende Aussage gibt es einen Punkt.

3. In der dritten Runde stellt die Spielerin/der Spieler eine Frage zum Thema, das gewürfelt worden ist. Sie oder er bestimmt dann, wer aus der Gruppe die Frage beantworten soll. Wenn keiner die Antwort weiß, wird die Frage aufgeschrieben. Sie wird bei der Arbeit mit diesem Kapitel aufgegriffen und beantwortet.

Hinweise

- Wer die 5 würfelt, hat den Joker. Er kann damit entweder eine Themenkarte frei wählen oder den Würfel weitergeben, ohne etwas zu sagen.
- Die Aussagen, Sätze oder Fragen dürfen sich nicht wiederholen. Jeder muss sich etwas Neues ausdenken.
- Man kann auch eine Runde weglassen und dafür andere Runden mehrmals spielen.
- Die Gruppe, die nach der Anzahl von Runden, die vorher festgelegt wurde, die meisten Punkte hat, hat gewonnen.

Die Themenkarten

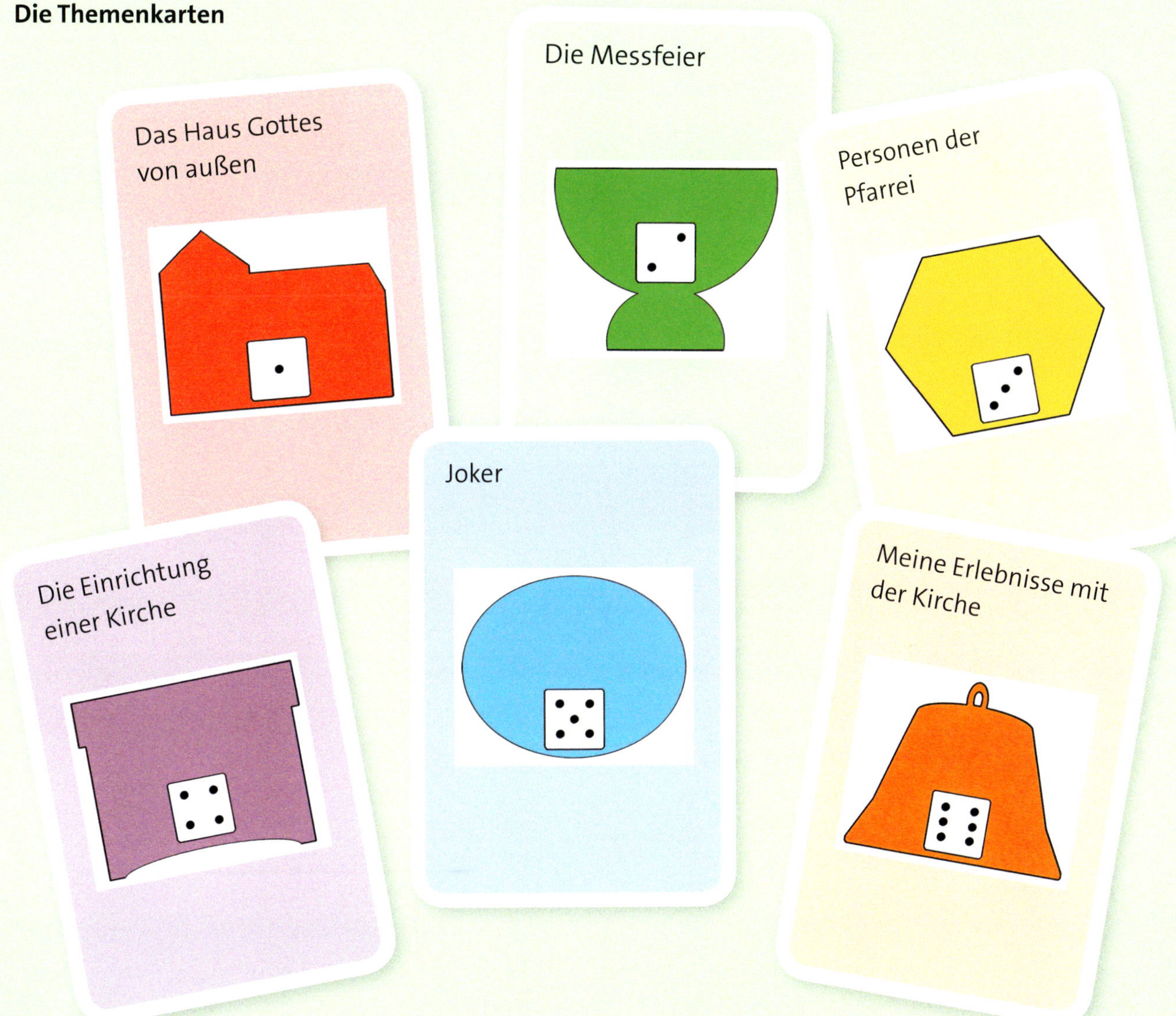

Gotteshäuser der Christen

Eine Kirche ist das christliche Gotteshaus und fast immer leicht zu erkennen: Sie hat einen oder mehrere Türme und eine auffällige Gestalt. Häufig bildet sie den Mittelpunkt eines Dorfes oder sie steht an einer zentralen Stelle eines Stadtteils.

Manchmal besteht die Kirche aus einem rechteckigen Saal. Sehr oft aber haben Kirchen eine besondere Form. Diese Form kann man durch die Gestalt des Daches erkennen oder durch einen Gang um die Kirche herum. Kirchen sind mehr als nur ein Raum, in dem sich eine Gemeinde versammelt. Durch ihre Form drücken sie vielmehr wichtige Inhalte des christlichen Glaubens aus.

Kirchen sind im Innenraum aufgeteilt: Deutlich ist der Bereich des Altars. Häufig sind die Kirchen bei uns so gebaut, dass der Altar nach Osten zeigt. Denn im Osten geht die leuchtende Sonne auf und in östlicher Richtung liegt Jerusalem.

1 Stelle dir vor, du gehst an den Außenmauern der drei Kirchen entlang und umrundest sie. Zeichne die drei Grundrisse – das ist die Form der Außenmauern – in dein > Heft.

2 Deute die Grundrisse. Die Form der Grundrisse bezieht sich auf wichtige Inhalte des christlichen Glaubens.

Der Kirchturm

Kirchtürme sehen verschieden aus: Es gibt wuchtige Türme mit dicken Mauern und schlanke Türme, die nach oben zulaufen. Einige besitzen einen zwiebelförmigen Helm oder eine Haube. Kirchtürme weisen wie ein Finger nach oben und lassen aufschauen. Sie ragen in den Himmel und sind Hinweise auf Gott. Wo sie stehen, gibt es Menschen, die den Glauben an den christlichen Gott zu leben versuchen. Die Glocken der Kirchtürme rufen die Christen zum Gottesdienst.

Das Portal

Eine Kirchentür kann prächtig gestaltet sein. Dann wird sie „Portal" genannt. Sie lädt Menschen ein, die Kirche zu betreten. Manchmal schmücken Figuren von Heiligen oder von Jesus Christus ein Portal. Andere Portale besitzen besondere Türen aus Metall oder Holz. Ihre gegossene oder geschnitzte Gestalt zeigt z. B. verschiedene Erzählungen aus der Bibel. Das Portal macht den Besuchern der Kirche deutlich, dass sie einen besonderen, einen heiligen Raum aufsuchen.

3 Jemand steht vor einem Kirchturm und fragt ihn, was er ist und warum er so hoch, mächtig und vieles mehr ist. Spiele den Turm und antworte.

4 In deiner Stadt, in deinem Dorf findest du einen Kirchturm. Gehe zu ihm hin, bastle dir ein kleines Fernrohr (rolle einfach ein Blatt Papier) und schau ihn dir genau an. Erzähle der Reli-Gruppe von deinen Entdeckungen.

5 Vergleiche verschiedene Türen – Schule, zu Hause, Supermarkt – mit dem Portal einer Kirche. Stelle die Besonderheit der unterschiedlichen Türen heraus.

Ein Blick in die Kirche

Eine katholische Kirche ist auch von innen eindeutig zu erkennen. Denn in ihr finden sich verschiedene Gegenstände, die für eine katholische Kirche entscheidend sind. Sie sind unterschiedlich im Innenraum verteilt.

1 Suche auf dem Bild einige Gegenstände, die im Text auf S. 97 beschrieben sind. Beschreibe möglichst genau, wie der Gegenstand dort aussieht.

2 Du kennst eine Kirche. Male einen Grundriss – das ist die Form der Außenmauern – und zeichne ein, wo sich die Gegenstände in deiner Kirche befinden.

Der Altar
Ein Tisch, der meist gut sichtbar und groß ist, bildet den zentralen Platz in einer Kirche. Er heißt Altar und erinnert an das letzte Abendmahl, das Jesus mit seinen Jüngern gefeiert hat. Deshalb nennt man ihn auch „Tisch des Herrn". Er ist der Ort, an dem die Gemeinde feiert, dass Jesus sich selbst für die Menschen hingegeben hat. In der Messfeier* ist der Herr – Jesus Christus – in den Zeichen von Brot und Wein gegenwärtig.

Der Tabernakel
Tabernakel heißt eigentlich Zelt, aber er sieht oft aus wie ein kleiner Schrank. Er steht in der Nähe des Altars und ist häufig besonders gestaltet. Im Tabernakel werden gewandelte Hostien aufbewahrt.

Das ewige Licht
Im Evangelium* sagt Jesus von sich selbst: „Ich bin das Licht der Welt" (Joh 8,12). Licht ist ein Zeichen, dass Jesus Christus da ist. In der Kirche gibt es ein Licht in der Nähe des Tabernakels, das immer brennt, wenn geweihte Hostien im Tabernakel aufbewahrt werden. Meist hat dieses Licht einen roten Schirm oder es brennt in einem roten Gefäß.

Der Ambo
In der Kirche wird das Wort Gottes, so wie wir es aus der Bibel kennen, vorgetragen. Anschließend wird es, z. B. in der Predigt, ausgelegt. Dafür gibt es ein Lesepult – den Ambo –, der auf einer Seite vor dem Altar steht.

Das Kreuz
Das wichtigste Symbol* des Christentums ist das Kreuz. Es erinnert die Christen an den Tod Jesu am Kreuz und seine Auferstehung. In jeder Kirche findet sich ein Kreuz im Altarraum.

Das Taufbecken
Im Taufbecken befindet sich das geweihte Wasser für die Taufe. Taufbecken sind häufig große Gefäße aus Stein, die auf einem Sockel stehen. Viele sind schon sehr alt und kunstvoll verziert. Das Taufbecken steht oft im Eingangsbereich der Kirche oder in einer eigenen Taufkapelle.

3 Es gibt noch weitere Gegenstände, die zur Ausstattung einer katholischen Kirche gehören. Beschreibe einen Gegenstand so, dass jemand aus deiner Reli-Gruppe den richtigen Namen für ihn nennen kann.

4 Die Kirche ist auch für alte, kranke und beeinträchtigte Menschen sowie für kleine Kinder da. Informiere dich, ob es in deiner Kirche für diese Gruppen Hilfen gibt, in die Kirche zu gelangen und am Gottesdienst teilzunehmen. Berichte der Reli-Gruppe. Wenn ihr gemeinsam einen Vorschlag für eine Hilfe habt, schreibt an die Gemeinde.

Pfarrgemeinden stellen sich vor

Wie erfahren Menschen etwas von ihrer Kirchengemeinde? Eine Pfarrgemeinde nutzt verschiedene Möglichkeiten, um sich an die Menschen zu wenden.

Schaukästen vor den Kirchen

Schaukästen stehen vor fast jeder Kirche. Oft werden sie sehr aufwendig und interessant gestaltet, damit Menschen davor stehen bleiben und neugierig werden. Aber man findet auch Schaukästen, die vernachlässigt sind und leer aussehen.

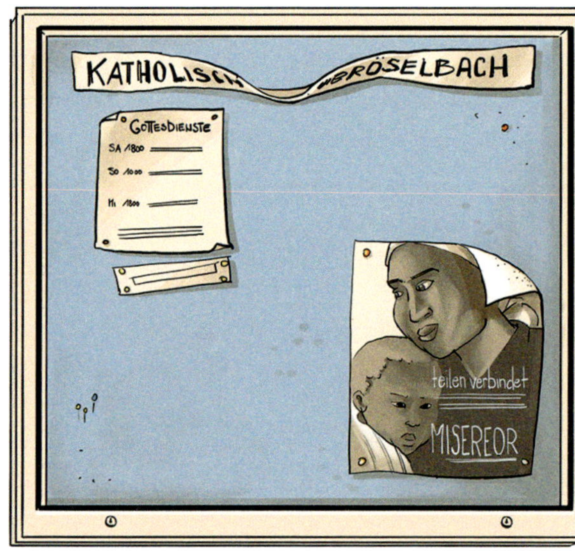

1 Vergleiche die Gestalt und die Inhalte der beiden Schaukästen. Stelle dar, welche Eindrücke die beiden Schaukästen vom Gemeindeleben vermitteln.

2 Fotografiert die Schaukästen von mindestens zwei Pfarreien.
- Stellt eure Fotos auf einer Pinnwand zusammen.
- Untersucht in Gruppen, welche Angebote die Pfarrgemeinden anbieten und was ihr über das Gemeindeleben erfahrt.

3 Manche Schaukästen sehen etwas trostlos aus.
- Diskutiert, was für die Gestaltung eines interessanten Schaukastens wichtig ist, und gestaltet gemeinsam einen Schaukasten.
- Stellt euren Vorschlag Verantwortlichen in der Pfarrgemeinde vor.

Pfarrgemeinden vernetzt – die Menschen vor Ort erreichen

Neben den Schaukästen gibt es noch andere Mittel, die Mitglieder der Gemeinde zu erreichen:

- Häufig wird der Pfarrbrief, der Gemeindebrief oder das Pfarrblatt gedruckt und in die Häuser verteilt. Diese Mitteilung kann sehr unterschiedlich aussehen – mal farbig und groß, mal schwarz-weiß und in einem kleinen Format.
- Auch am Computer, Tablet oder Smartphone kann man aktuelle Nachrichten über das Gemeindeleben abrufen. Die Gemeinden erstellen eine Homepage im Internet, die sich leicht aktualisieren lässt.

4 Das Bild zeigt Möglichkeiten, mit denen Pfarrgemeinden sich mitteilen können. Beschreibe sie.

5 Besucht die Homepage eurer Pfarrgemeinde.
- Erstellt auf einem > Plakat einen „Steckbrief“ eurer Pfarrei. Notiert zum Beispiel den Namen der Pfarrei, des Namenspatrons der Kirche (vgl. Kap. 1, S. 16/17), des Pfarrers ...
- Stellt zusammen, welche Angebote es in euren Pfarrgemeinden gibt.
- Sucht zwei Einträge aus, die euch besonders auffallen. Gibt es eine besondere Seite für Jugendliche in der Gemeinde?

6 Schaukasten oder Homepage? Diskutiert die Vor- und Nachteile der Möglichkeiten, wie sich eine Pfarrgemeinde interessant vorstellen könnte.

Kirche – das sind viele Menschen

Ein Dorf oder ein Stadtteil, in dem viele katholische Christen leben, bildete früher eine eigene Pfarrgemeinde mit einer Kirche, einem Priester und vielen Gemeindemitgliedern.

Heute ist das häufig anders. Da die Zahl der Gemeindemitglieder geringer wird, bilden mehrere Dörfer oder Stadtteile einen Pfarrverband oder eine Seelsorgeeinheit.

Es gibt Menschen, die hauptamtlich oder ehrenamtlich mitarbeiten.

Die hauptamtlichen Mitarbeiterinnen und Mitarbeiter

Eine hauptamtliche Tätigkeit zeichnet sich dadurch aus, dass man für die geleistete Arbeit ein Gehalt bekommt.

Den Mitarbeiterinnen und Mitarbeitern ist es wichtig, ihren Glauben in der Gemeinde zu leben. Einige von ihnen erzählen:

„Ich leite die Pfarrgemeinde, halte Gottesdienste und spende Sakramente. Außerdem helfe ich den Menschen, ihr Leben aus dem Glauben an Gott zu führen. Auch wenn ein Mensch schwer krank ist, werde ich gerufen, um ihm das Sakrament der Krankensalbung* zu spenden."

Pfarrer

„Mein Arbeitsplatz ist der Kirchenraum. Ihn bereite ich für den Gottesdienst vor. Da ist viel zu tun: Kerzen anzünden, den Altarraum mit Blumen schmücken, den Weihrauch bereitstellen. Auch lege ich die Gewänder für unseren Priester bereit."

Mesner

„Ich arbeite im Pfarrbüro, kümmere mich um die Verwaltung der Pfarrei und um viele Anliegen der Gemeindemitglieder. Manche sagen, ich sei ‚die gute Seele der Pfarrei'."

Pfarrsekretärin

„Meine Aufgabenbereiche sind vielfältig. Ich halte Wortgottesdienste. In unseren verschiedenen Gemeindegruppen bin ich aktiv – bei jungen und bei alten Menschen. Außerdem gebe ich Religionsunterricht an unserer Grundschule. Besonders wichtig ist mir die Vorbereitung unserer Kinder und Jugendlichen auf die Erstkommunion und die Firmung."

Gemeindereferentin

1 „Es reicht doch aus, wenn der Pfarrer alleine eine Gemeinde versorgt." Lies die Auskünfte in den Sprechblasen und nimm Stellung zu dieser Aussage.

Die ehrenamtlichen Mitarbeiterinnen und Mitarbeiter

In vielen Pfarrgemeinden gibt es sehr engagierte Gemeindemitglieder, die unterschiedliche Aufgaben übernehmen. Man nennt sie auch die Ehrenamtlichen, weil sie freiwillig mitarbeiten und dafür nicht bezahlt werden.

2 Sortiere die Aufgabenbereiche von Ehrenamtlichen in der Gemeinde auf diesem Plakat: Wer spricht Kinder und Jugendliche an? Wer ist für kranke und alte Menschen zuständig? Wer übernimmt Aufgaben im Kirchenraum? Welche Aufgaben bleiben übrig?

3 Versetze dich in die Lage einer oder eines Ehrenamtlichen: Berichte, welche Aufgabe du hast und wie du sie ausfüllst.

4 Ladet in eure Reli-Gruppe eine Person ein, die in der Pfarrgemeinde ehrenamtlich oder hauptamtlich aktiv ist. Überlegt, wen ihr einladet und wie ihr die Einladung gestaltet. Fragt diese Person nach ihrer Motivation für ihre Tätigkeit.

Jugendliche in der Gemeinde

Mädchen und Jungen finden ihren Platz in der Gemeinde. In verschiedenen Gruppen können sie beieinander sein. Sie haben unterschiedliche Möglichkeiten, ihre Freizeit und ihren Glauben mit anderen zu gestalten.

Pfadfinder

Viele Mädchen und Jungen sind Mitglied bei den Pfadfindern. Die Deutsche Pfadfinderschaft Sankt Georg (DPSG) ist der größte katholische Jugendverband. In vielen Aktionen erleben die Kinder und Jugendlichen Gemeinschaft, häufig beteiligen sie sich auch aktiv in den Pfarrgemeinden.

Jakob: Mir machen die Pfadfinder Spaß, weil wir uns einmal pro Woche treffen und spielen. Man kann da mal alles hinter sich lassen! Und man lernt viel – zum Beispiel, wie man ein Lagerfeuer macht und ein Zelt aufbaut. Man erkennt uns an unserer Kleidung.

Martha: Es ist toll, ganz selbstverständlich mit Großen und Kleinen unterwegs zu sein. Das Allerwichtigste bei uns Pfadfindern ist immer die Gemeinschaft. Und zusammen erleben wir Sachen, die einem ewig in Erinnerung bleiben.

Angelo: Hier kann ich Glaube, Spaß, Natur und Gemeinschaft erleben. In vielen Aktionen setzen wir uns für Gottes gute Schöpfung ein. Etwas für die Umwelt zu tun, ist mir sehr wichtig.

Nele: Ich erlebe bei den Pfadfindern eine Gemeinschaft auf den Spuren Jesu, sodass ich bewusster und aufmerksamer durch das Leben gehe. Ich sehe immer wieder Situationen, in denen ich jemandem helfen kann oder einfach nur da bin und zuhöre.

1 Erzähle in deinen Worten von den Pfadfindern St. Georg. Nutze dazu Bild und Texte auf dieser Seite und informiere dich auf der Homepage der DPSG.

2 Lies im Lexikon S. 115 nach, was über den heiligen Georg* erzählt wird. Erkläre, warum er der Schutzpatron der Pfadfinder ist.

3 Die Pfadfinder machen viele Angebote, um über die Kirche und den Glauben ins Gespräch zu kommen. Ladet Gruppenleiter ein und lasst euch von Gruppenstunden > erzählen. Lasst sie berichten, warum sie oder er ehrenamtlich bei den Pfadfindern arbeiten.

Die Ministrantengruppe

Als Ministrantinnen und Ministranten helfen Mädchen und Jungen in den verschiedenen Gottesdiensten mit. Sie unterstützen den Priester am Sonntag, wenn sie z. B. Brot und Wein zum Altar bringen. Auch bei Hochzeiten, Taufen, Begräbnissen und anderen kirchlichen Anlässen sind sie im Einsatz. An besonderen Festen schwenkt die Ministrantin oder der Ministrant das Weihrauchfass.

Das Wort „Ministrant“ bedeutet „Helfer, Diener“; deshalb werden sie auch Messdiener genannt. Sie tragen entweder Alben oder einen Ministrantenrock in den Farben des Kirchenjahres und darüber ein weißes Chorhemd.

Mit dem Rolli zum Ministrieren
Gemeinden haben auch Ministrantinnen und Ministranten mit körperlichen, geistigen oder seelischen Beeinträchtigungen. In den „Mini-Gruppen“ machen sie ganz selbstverständlich mit. Zusammen mit den anderen können sie auch im Gottesdienst ministrieren.

4 Die Bilder zeigen „Minis“ bei ihrem Dienst. Schaue dir die Bilder an und lies den Text. Bildet dann in der Reli-Gruppe eine Satzreihe: Ein Schüler beginnt mit dem Satz „Ich bin ein Ministrant und … und …“.
Alle Schülerinnen und Schüler führen nacheinander den Satz weiter.

5 Falls in eurer Reli-Gruppe Ministrantinnen oder Ministranten sind, lasst sie von ihrem Dienst und ihrer Mini-Gruppe erzählen.

6 Im Rollstuhl ministrieren ist heute normal. Stelle in einer Liste zusammen, welche Schwierigkeiten es für Ministrantinnen oder Ministranten im Rollstuhl in der Kirche deiner Pfarrgemeinde geben könnte. Mache Vorschläge, wie die Probleme gelöst werden könnten.

Feiern und beten

Am Sonntag kommt die Gemeinde in die Kirche zur Messfeier*. Sie dankt und feiert, dass Gott da ist. Das Abendmahl, das Jesus vor seinem Tod mit seinen Jüngern begangen hat, seine Selbsthingabe am Kreuz und seine Auferstehung werden gegenwärtig: Jesus Christus ist für uns da und schenkt sich uns in den Gaben von Wein und Brot.

Der Sonntagsgottesdienst – mit dem Körper feiern

Die Gemeinde feiert: Sie singt, spricht, betet und hört. Das ist nicht alles, denn die Teilnehmerinnen und Teilnehmer des Gottesdienstes feiern auch mit ihrem Körper. Stehen, sitzen, knien sind Teile der Feier.

Stehen

Im Stehen zeigt ein Mensch seine Größe. Im Stehen begrüßen sich Menschen und erkennen die Größe des anderen an.

Im Gottesdienst steht die Gemeinde am Beginn auf, weil Gott in ihre Mitte kommt, und grüßt so den Priester, wenn er in die Kirche einzieht.

Im Stehen hört die Gemeinde das Evangelium*, das vom auferstandenen Jesus Christus erzählt. Aufstehen erinnert an die Auferstehung Jesu.

Sitzen

In der Schule sitzen die Schülerinnen und Schüler. Vor dem Computer sitzen wir. Sitzen bindet an einen Platz. Im Sitzen sind Menschen ruhig, sie konzentrieren sich.

Im Gottesdienst hört die Gemeinde die Lesung und die Predigt im Sitzen. So können alle in Ruhe das aufnehmen, was sie hören.

Knien

Vor jemandem zu knien, drückt eine Haltung der Verehrung aus: Man macht sich selber klein, um den anderen groß erscheinen zu lassen.

Im Gottesdienst kniet die Gemeinde z. B. während der Worte der Wandlung. Mit ihrer Körperhaltung verehrt sie Jesus Christus, der in den Zeichen von Brot und Wein da ist.
Nach dem Empfang der heiligen Kommunion knien die Gläubigen, um ganz in Ruhe und Verehrung beten zu können.

1 Probiert unterschiedliche Körperhaltungen genau aus: Steht gerade, sitzt ruhig, kniet auf einer weichen Unterlage jeweils für einige Minuten. Tragt zusammen, wie ihr die Körperhaltungen empfindet.

2 Ordne die Körperhaltungen verschiedenen Teilen einer Messfeier zu:

Teil der Messfeier	Körperhaltung	Begründung
...	...	...

Der Rosenkranz

Zur ersten heiligen Kommunion wird den Mädchen und Jungen manchmal ein Rosenkranz geschenkt. Er besteht aus 53 kleinen Perlen, 6 größeren Perlen und einem kleinen Kreuz. Alles ist auf einer Schnur aufgefädelt, die Perlen können aus Holz oder aus einem anderen Material bestehen.

Aufbau des Rosenkranzgebets

Der Rosenkranz ist nicht nur ein Schmuckstück, er bietet vielmehr Hilfe für ein großes Gebet, das aus vielen kleinen Teilen besteht. Dieses Gebet heißt Rosenkranzgebet.

1. Es beginnt, indem man das Kreuz in der Hand hält und dazu das Kreuzzeichen spricht: „Im Namen des Vaters, des Sohnes und des Heiligen Geistes." Es folgt das Glaubensbekenntnis: „Ich glaube an Gott, den Vater …"

2. Dann gleitet die Hand weiter zu den Perlen. Die großen Perlen stehen für das „Vaterunser". Wenn die Hand zu einer großen Perle gleitet, wird dieses Gebet gesprochen.

3. Gleitet die Hand zu einer kleinen Perle, wird das „Gegrüßest seist du, Maria* …" gebetet – also insgesamt 53-mal.

Die häufigen Wiederholungen schenken den Betenden innere Ruhe. Sie stellt sich nur ein, wenn man die Texte gut auswendig sprechen kann und den Rosenkranz regelmäßig betet.

3 Falls manche aus eurer Reli-Gruppe einen Rosenkranz besitzen, bringt Rosenkränze in den Religionsunterricht mit. Schaut sie euch an, nehmt einen in die Hand und lasst die Perlen langsam durch eure Finger gleiten. Was bedeuten die drei kleinen Perlen? Informiert euch im Gotteslob, Nr. 4.

4 Rosenkränze lassen sich auch gut basteln. Sucht im Internet eine Anleitung und stellt einen Rosenkranz zu Hause oder in „Werken und Gestalten" her.

5 Übt das Rosenkranzgebet langsam ein. Beginnt zuerst mit einer großen Perle und dann zehn kleinen Perlen und sprecht die passenden Gebete. Steigert in den nächsten Religionsstunden die Zahl der Gebete. Wer nicht mitbeten will, bleibt ruhig im Klassenraum.

6 Ersetzt das Gebet „Gegrüßest seist du, Maria …" durch ein kurzes anderes Gebet, z. B.: „Der Herr ist mein Hirte, nichts wird mir fehlen", und betet es mit mehreren Wiederholungen wie den Rosenkranz.

Gemeinsam Gottesdienst feiern

Neben der Messfeier am Sonntag kann auch in anderen Formen Gottesdienst gefeiert werden: z. B. ein Wortgottesdienst, eine Maiandacht, eine Frühschicht im Advent oder in der Fastenzeit. Auch Schülerinnen und Schüler können in der Schule einen kleinen Gottesdienst gestalten und feiern. Im Folgenden dazu einige Anregungen:

Eine Frühschicht gestalten

Eine Frühschicht in der Schule ist eine kurze Andacht, bevor der Unterricht beginnt. Im Vertrauen auf Gott bitten die Feiernden um Kraft für den bevorstehenden Tag und erinnern sich an die Zusage: Gott geht mit.

Wann wird sie gefeiert?

- Sie kann in einem Raum der Schule vor Beginn des Unterrichts gefeiert werden.
- Sie kann am Beginn der ersten Stunde oder als Start in den Religionsunterricht stattfinden.

Wer feiert?

- Die Reli-Gruppe kann sie für sich feiern oder Gäste – Mitschülerinnen und Mitschüler aus Parallelklassen oder aus anderen Jahrgängen – einladen.

Wie wird der Raum gestaltet?

- *Vorschlag 1:* Die Stühle stehen im Kreis. In der Mitte steht eine Kerze auf einer Grundlage, die nicht brennbar ist.
- *Vorschlag 2:* Die Kerze – mit einem Kerzenhalter – steht auf einem Schultisch. Im Halbkreis vor dem Tisch befinden sich die Stühle.
- Weitere Elemente – z. B. ein Kreuz, Bilder an den Wänden – lassen sich hinzufügen.

Was braucht die Gruppe?

- Für den Anfang reicht diese Seite des Schulbuchs aus. Später können andere Lieder, andere Texte hinzukommen.
- Für alle, die mitfeiern, ist ein Teelicht nötig – aus Kerzenwachs oder elektrisch.

Welche Aufgaben sind zu verteilen?

- Erkundigt euch, welchen Raum ihr nutzen könnt.
- Eine Schülerin oder ein Schüler leitet die Frühschicht: Sie oder er begrüßt die Gruppe und achtet darauf, dass der Ablauf eingehalten wird.
- Eine Schülerin oder ein Schüler spricht das Gebet.
- Wenn jemand ein Musikinstrument spielt, kann sie oder er das Lied und den Vers begleiten.

Der Ablauf einer Frühschicht

Der Beginn
Nach einer kurzen Begrüßung beginnt die Frühschicht mit einem Lied.

Der Mittelteil
Im Mittelteil der Frühschicht können sich alle beteiligen. Jemand liest einen Text passend zum Thema der Frühschicht vor, z. B. eine biblische Erzählung. Anschließend kann über einen Gedanken oder eine wichtige Frage in Stille nachgedacht werden.

Schülerinnen oder Schüler sagen, was sie vor Gott tragen möchten – eine Bitte um Kraft und Mut, ein Dankeschön für den vergangenen Tag, eine Beschwerde über die vielen Hausaufgaben … Sobald eine Schülerin oder ein Schüler etwas gesagt hat, nimmt sie oder er ein Teelicht, zündet es an und stellt es in den Kreis oder auf den Tisch.

Die Gruppe singt dazu diesen Vers:

Der Schluss
Der Mittelteil endet mit einer Stille. Es folgt ein Gebet, z. B.:

Lieber Gott, sei mit allen, die an diesem Tag in der Schule sind. Begleite sie in den Schulstunden und den Pausen. Schenke den Lehrerinnen und Lehrern etwas Geduld und ab und zu ein Lächeln. Den Schülerinnen und Schülern gib Mut, wenn die Aufgaben schwer sind, und Freude, wenn ihnen etwas gut gelingt. Darum bitten wir im Namen des Vaters, des Sohnes und des Heiligen Geistes.

Nachdem alle mit „Amen“ geantwortet haben, kann zum Abschluss noch einmal ein Lied gesungen werden.

Liedvorschläge
- Zum Beginn:
  „Kommt herbei“ (Gotteslob, Nr. 140) oder „Komm her, freu dich mit uns“ (Gotteslob, Nr. 148).
- Zum Abschluss:
  „Komm, Herr, segne uns“ (Gotteslob, Nr. 451) oder „Herr, du bist mein Leben“ (Gotteslob, Nr. 456).

1 Eine Frühschicht wird erst gut, wenn sie mehrere Male durchgeführt wird. Plant sie gemeinsam und beginnt im Religionsunterricht, sie durchzuführen.

2 Überlegt, ob ihr Frühschichten zu geprägten Zeiten – z. B. im Advent oder der Fastenzeit, vor Ostern – für alle Schülerinnen und Schüler anbieten möchtet. Stellt eine Planungsliste zusammen und entwerft Einladungen für andere Klassen oder ein > Plakat, das im Schulhaus aufgehängt werden kann.

3 Den Sonntagsgottesdienst feiern, den Rosenkranz beten, eine Frühschicht feiern …: Überlege, welche Gottesdienst- und Gebetsformen dir zusagen, und tauscht euch in der Reli-Gruppe darüber aus.

Zeigt, was ihr könnt!

Eine Kirche erkunden

In einem Kirchbau lässt sich vieles entdecken. Sucht eine Kirche aus, die in der Nähe eurer Schule liegt. Fragt bei der Gemeinde an, ob ihr sie in verschiedenen Stationen erkunden dürft. Hier findet ihr dazu einige Vorschläge:

Station 1: Die Kirche von außen

- Gehe zur Kirche. Beschreibe ihre Umgebung.
- Wenn es möglich ist, gehe um die Kirche herum und zeichne ihren Grundriss auf. Vergleiche ihn mit den Grundrissen auf S. 94 in diesem Kapitel.
- Schätze die Höhe des Turms.
- Bleibe eine Weile vor dem Portal stehen und beschreibe es.

Station 2: Der Innenraum der Kirche

- *Gehen:* Betritt still die Kirche und gehe langsam und ruhig durch den Raum.
- *Sitzen:* Suche dir einen Platz in der Kirche, setze dich eine Weile hin, schließe die Augen und sei einfach da.
- *Hören:* Setzt euch zusammen in die Bänke und hört, wie eine Schülerin oder ein Schüler ein Gebet vorträgt, wie ihr zusammen ein Lied singt und wie es einige Minuten ganz still bleibt.
  Wenn die Organistin oder der Organist da ist, hört auf die Klänge der Orgel.
- *Riechen:* Erkunde die Düfte in einer Kirche, die anders sind als in der Schule. Notiere dir, welche Gerüche du feststellst.
- *Sehen:* Sieh dir den Innenraum von vorne, von hinten, von den Seiten an und schau auf die Verteilung des Lichts.
  Wenn es nicht zu kalt ist, lege dich an einer guten Stelle auf den Boden und blicke auf das Gewölbe oder die Decke. Sieh dir eine Einzelheit – das Taufbecken, den Altar, ein Bild, den Ambo – genau an. Mache eine kleine Skizze von ihr oder fotografiere sie.
- *Tasten:* Suche dir eine Partnerin oder einen Partner. Eine Person schließt die Augen. Die andere führt sie zu verschiedenen Gegenständen, die ertastet werden können. Nach einem Signal wird gewechselt.
- *Sprechen:* Ladet den Pfarrer, die Mesnerin oder eine andere Person aus der Gemeinde ein, die sich in der Kirche auskennt. Sie kann euch etwas über das Gebäude > erzählen und eure Fragen beantworten.
- *Segnen:* Bevor ihr die Kirche wieder verlasst, wird ein Segen erteilt. Ihr könnt das Lied aus der Frühschicht S. 107 singen und eine Segensbitte sprechen. Im Gotteslob finden sich unter Nr. 13 schöne Vorschläge.

Station 3: Nachbereitung in der Schule
Sammelt eure Eindrücke und euer Wissen aus der Erkundung in der folgenden Religionsstunde:

- Gestalte eine Doppelseite in deinem > Heft. Du zeichnest und schreibst auf, was dir von der Erkundung wichtig ist.
- Gestaltet in kleinen Gruppen ein > Plakat, das viele Einzelheiten der Erkundung in einer übersichtlichen Weise wiedergibt.
- Finde eine kleine Rätselaufgabe, die du der Reli-Gruppe stellst. Sie bezieht sich auf Einzelheiten der Kirchenerkundung.

KIRCHE – eine Wortgrafik

Im Wort KIRCHE stecken verschiedene andere Worte, wenn die Buchstaben neu zusammengesetzt werden. Lässt man das K und das C weg, ergeben die vier restlichen Buchstaben das Wort HIER.

```
KIRCHE
KIRCHE
K R   E
KIRCHE
KIRCHE
```

- Schau die Wortgrafik an und finde heraus, welches Wort die drei fehlenden Buchstaben in der Mitte der Grafik ergeben. Ohne dieses Wort ist Kirche nicht vollständig.
- Male ein Bild, in dem sich KIRCHE und das fehlende Wort aus drei Buchstaben aufeinander beziehen.
- Schreibe einen Text, in dem das Wort KIRCHE und das fehlende Wort mit drei Buchstaben die wichtigsten Begriffe sind.

Die Kirchentür – ein Würfelspiel

Ihr habt dieses Kapitel durchgearbeitet. Nun spielt das Würfelspiel von S. 92–93 noch einmal. Achtet darauf, dass ihr viele Einzelheiten aus der Arbeit mit dem Kapitel in eure Fragen und Antworten einbringt.

Kirche – Haus und Gemeinde Gottes

Das Bild auf dieser Seite fasst viele Teile des Kapitels zusammen.

- Beschreibe das Bild oder zeichne es auf deine Weise neu.
- Ordne diesem Bild verschiedene Doppelseiten dieses Kapitels zu. Begründe dies.
- Setze das Bild in ein oder zwei > Elfchen um und berücksichtige dabei den Titel des Kapitels.
- Stellt euch als Reli-Gruppe selbst in ähnlicher Weise auf und fotografiert eure Formation. Jede und jeder übernimmt die Position eines Gemeindemitglieds oder Kirchengegenstands und erzählt davon.

Methoden

Collage gestalten

Eine Collage ist ein Klebe-Bild, das du mit verschiedensten Materialien frei gestalten kannst. Durch die Zusammenstellung von Bildern und Wörtern entwirfst du eine ganz persönliche Aussage zu einem Thema.

- Zum gewählten Thema erstellst du eine Skizze mit den Bild- und Textelementen auf einem DIN-A4-Blatt. Den Entwurf kannst du deiner Partnerin, deinem Partner vorstellen und wenn notwendig, verbesserst du ihn.
- Wähle die Collage-Materialien, die du verwenden möchtest, aus. In Zeitschriften und Prospekten findest du Bilder, Wörter und Sätze. Überlege bei der Auswahl, mit welchen Wörtern oder Sätzen die Aussage des Bildes gut deutlich werden kann. Schneide oder reiße sie dann aus den Zeitungen heraus.
- Mithilfe der Skizze gestaltest du nun deine Collage mit den ausgesuchten Text- und Bildmaterialien. Klebe diese erst auf, wenn dir die Anordnung gefällt.

Elfchen schreiben

Ein Elfchen ist ein kurzes Gedicht. Es besteht aus elf Wörtern, die auf fünf Zeilen verteilt werden. So kannst du mit nur wenigen Worten deine Gedanken und Ideen zu einem Thema ausdrücken.

1. Zeile: Du schreibst ein wichtiges Wort als Titel auf.
2. Zeile: zwei Wörter
3. Zeile: drei Wörter
4. Zeile: vier Wörter
5. Zeile: Nur ein Wort beendet dein Gedicht.

Ein Beispiel:

„Gott
stark, mächtig?
Wo ist Gott?
Im Säuseln des Windes.
Anders“

Erzählen

Erzählen kannst du auf viele Arten. Hier werden drei Erzählweisen vorgestellt. Sie setzen eine aufgeschriebene oder schon einmal erzählte Geschichte voraus.

1 Nacherzählen

- Erzähle von allen wichtigen Personen, die in der Geschichte vorkommen.
- Du kannst etwas, das dir an der Geschichte wichtig ist, betonen.
- Halte die Reihenfolge der Geschichte in deiner Nacherzählung ein.

2 Für eine andere Person erzählen

- Denke an eine Person, der du eine Geschichte aus der Bibel, von einer Heiligen, einem Heiligen oder aus deinem Leben erzählen willst.
- Wähle die Einzelheiten aus, die du dieser Person erzählst, damit sie die Geschichte versteht.
- Erzähle die gleiche Geschichte einer Person, die in einer anderen Situation lebt. Was musst du ändern, damit auch sie die Geschichte versteht?

3 Aus der Situation einer Person erzählen

- Wähle bei einer Geschichte, die du kennst, eine einzelne Person aus der Geschichte aus. Bei der Erzählung von der Heilung des Blinden vor Jericho könnte dies z. B. der Blinde, ein Apostel* oder eine Zuschauerin sein.

- Versetze dich in diese Person hinein und erzähle die Geschichte aus ihrer Situation. „Ich bin ein Blinder und sitze vor den Mauern von Jericho. Da kommt ..."
- Überlege, was sich durch die neue Erzählweise an Einzelheiten ändert.

Heft gestalten

Ein gut geführtes und gestaltetes Reli-Heft zeigt, wie interessiert du dich mit dem Thema beschäftigst. Bei der Heftgestaltung geht es nicht nur darum, die Tafelanschrift abzuschreiben. Es gibt viele verschiedene Möglichkeiten für eine kreative Heftwerkstatt. Mit Spaß und guten Ideen kannst du dein Reli-Heft selbst gestalten, sodass du es gerne durchblätterst und dich dabei an die verschiedenen Themen erinnerst. Vielleicht wird es zu deinem Lieblingsheft und du möchtest es am Ende des Schuljahres weiter aufheben.

Wichtige Regeln für eine gute Heftgestaltung kennst du bereits. Es muss ordentlich und übersichtlich geführt werden, auch sollte deine Schrift gut lesbar sein.

- Verwende kurze Sätze oder Stichworte zu einem Thema. Überlege, wo du sie auf der Seite anordnen könntest.
- Benutze verschiedene Materialien, die das Thema ergänzen und deuten, z. B.: Goldfolie, Federn, eine Schnur, farbige Papierstücke, Krepppapier, Fotos aus Zeitschriften, eine Kopie von einem Lied ...
- Bewegliche Elemente machen dein Heft besonders interessant. Mit beweglichen Papierteilen kannst du z. B. zwei Menschen darstellen, die sich die Hände reichen oder sich umarmen.

Dein Heft kann auch einen Bereich enthalten, in den du deine eigenen Gedanken schreibst oder gestaltest, z. B., was du über Gott denkst. Diese Seiten könntest du „verschließen", da diese Gedanken allein dir gehören.

Mindmap erstellen

Eine Mindmap ist eine Landkarte für Gedanken. Sie hilft ein Thema übersichtlich zu gliedern. Setzt euch dazu in einer Gruppe von 2–5 Personen zusammen.

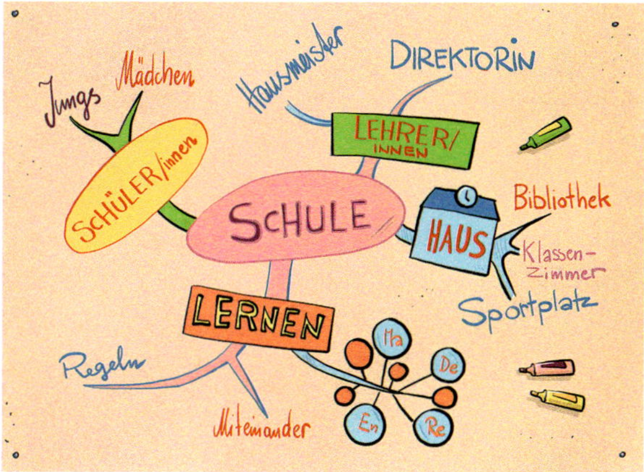

- Schreibt in die Mitte eines Blattes ein wichtiges Wort oder das Thema und malt einen Kreis darum herum.
- Weitere Ideen, Gedanken und auch Fragen ordnet ihr um diese Mitte an. Verbindet Zusammengehöriges mit Linien, sodass ein geordneter Aufbau erkennbar wird. Auch unterschiedliche Farben können dabei helfen.
- Fertige Mindmaps sind eine gute Merkhilfe, wenn das Thema schon vor einiger Zeit behandelt wurde. Dann reicht ein Blick auf die Mindmap, um sich den Inhalt wieder in Erinnerung zu rufen. In einer Mindmap könnt ihr aber auch zu Beginn eines neuen Themas sammeln, was ihr bereits dazu wisst.

Plakat gestalten

Ergebnisse aus einer Gruppenarbeit können gut auf Plakaten zusammengestellt und den anderen Gruppen vorgestellt werden. Anschließend werden sie an Pinnwände geheftet, und so bleibt das Thema für alle sichtbar einige Zeit im Klassenzimmer. Damit kein langweiliges Plakat entsteht, beachtet folgende Tipps:

- Das Thema muss deutlich erkennbar sein; z. B. durch große Schrift in der Mitte oder als Überschrift, durch eine auffällige Farbe, gute Bilder ...
- Das Plakat muss übersichtlich gegliedert werden, sodass Teilthemen, zu denen ihr Informationen gesammelt habt, gut erkennbar sind.

Eine gute Gliederung hilft euch auch bei eurem späteren Vortrag. Zum Beispiel könnt ihr die verschiedenen Teilthemen im Uhrzeigersinn anordnen, sodass ihr beim Vortrag nicht hin- und herspringt.

Rollenspiel

In einem Rollenspiel spielt ihr eine Geschichte oder eine Situation nach. Dabei schlüpft ihr in die Rolle einer bestimmten Person. Dadurch könnt ihr euch gut in die Gedanken, Gefühle, Entscheidungen und Handlungen der jeweiligen Person hineinversetzen.

- Überlegt, welche Personen in der Geschichte oder der Situation vorkommen, und verteilt die Rollen.
- Eine Rollenkarte kann helfen, sich besser in die jeweilige Person hineinzuversetzen. Schreibt auf die Rollenkarte Informationen zu der Person, aber auch mögliche Gefühle, ihr Verhalten ...
- Überlegt, was ihr im Rollenspiel sagen und tun möchtet. Verwendet dazu die Rollenkarten.
- Plant den Ablauf eurer Spielszene und übt das Rollenspiel mit eurer Gruppe mindestens zweimal.
- Führt euer Rollenspiel der Reli-Gruppe vor. Die Beobachter achten darauf, was die Spieler tun und sagen.

Besprecht gemeinsam das vorgeführte Rollenspiel: Was war gut? Was könnte verbessert werden? Wie denkt ihr jetzt über die Geschichte oder die Situation? Was war bemerkenswert an diesem Spiel?

Schreibgespräch führen

In einem Schreibgespräch könnt ihr ganz in Ruhe nachdenken und eure Gedanken austauschen, ohne zu sprechen. Dazu bildet ihr eine Gruppe mit drei bis fünf Schülerinnen und Schülern. Achtet von Beginn an darauf, dass alle ganz still sind.

- Legt einen großen Papierbogen in die Mitte und notiert darauf einen Gedanken oder eine Frage.
- Dann schreibt ihr nacheinander eure Ideen und Meinungen dazu auf.

Wichtig ist, dass ihr die Texte eurer Mitschülerinnen und Mitschüler genau lest und in euren Notizen darauf eingeht. So entsteht dann ein „richtiges Gespräch“. Ich-Aussagen helfen euch dabei: z. B. „Ich finde …“, „Ich denke …“. Mit den Meinungen der anderen solltet ihr sorgsam umgehen!

Standbild bauen

Beim Standbild gestaltet ihr in der Gruppe (4–6 Personen) eine Situation, ohne zu sprechen. Dabei soll sichtbar werden, was in Menschen vorgeht und wie sie sich fühlen. Ihr müsst vor allem auf eure Körperhaltung und auf euren Gesichtsausdruck achten. Wenn ihr das Standbild den anderen Gruppen vorstellt, dann dürft ihr euch nicht bewegen oder sprechen.

- Beratet euch kurz:
  Welche Situation oder Szene soll dargestellt werden?
  Welche Personen sind beteiligt? Wer möchte welche Rolle übernehmen?
  Welche Gestik, Mimik, Körperhaltung und Stellung der Figuren zueinander sind sinnvoll?
- Die Darsteller verhalten sich passiv – wie bewegliche Puppen.
- Die übrigen Mitschülerinnen und Mitschüler formen wie „Bildhauer“ das Standbild. Sie weisen die Darsteller an, formen sie mit der Hand, machen eine Körperhaltung vor, schlagen einen Gesichtsausdruck vor usw., bis die Körperhaltung den Vorstellungen entspricht.
- Dann präsentiert ihr euer Standbild der Reli-Gruppe. Dabei bleibt ihr etwa eine Minute lang in der Position eingefroren, die die „Bildhauer“ entworfen haben.
- Alle Mitschülerinnen und Mitschüler schauen nun das Standbild an.
- Anschließend könnt ihr euch über die dargestellte Situation austauschen, oder auch erraten, welche Personen dargestellt wurden. Diskutiert, ob die Gruppe sich in die Situation und die Menschen gut einfühlen konnte: Passen die Gesten, die Körperhaltung, die Mimik, die Stellung der Personen zueinander? Beratet auch, was am Standbild verbessert werden könnte.

Lexikon

Apostel

Jesus hatte in Israel viele Schüler um sich. Es waren Frauen und Männer. Sie werden oft „Jünger" genannt.

Im Neuen Testament wird erzählt, dass Jesus eine besondere Gruppe aus den Jüngern bestimmte. Es waren die „Zwölf", die meist „die Apostel" (griech.: Abgesandte) genannt werden. Von allen zwölf Aposteln kennen wir die Namen: Petrus und sein Bruder Andreas, Jakobus und sein Bruder Johannes, Philippus, Bartholomäus, Thomas, Matthäus, Jakobus, Thaddäus, Simon und Judas (vgl. Mt 10,1–4). Die Gruppe der „Zwölf" sollte ein Zeichen sein: Wie das Volk Israel aus zwölf Stämmen bestand, so wollte Jesus mit den Zwölfen seine Gemeinschaft aufbauen.

Christus mit den zwölf Aposteln (Windsheimer Altar von Tilman Riemenschneider, 1509)

Einheitsübersetzung

Die Bibel wurde in zwei Sprachen geschrieben: große Teile des Alten Testaments in hebräischer Sprache, das Neue Testament in griechischer Sprache. Schon früh wurde die Bibel in andere Sprachen übersetzt, damit mehr Menschen sie lesen konnten. Heute gibt es die Bibel oder Teile von ihr in 2935 Sprachen. In deutscher Sprache liegen mehrere Übersetzungen vor. Für die katholische Kirche gibt es die „Einheitsübersetzung", die einheitlich in allen deutschsprachigen Gebieten verwendet und im Gottesdienst gelesen wird.

Elija

Elija ist ein Prophet*, von dem im Alten Testament erzählt wird. Von dem Gott Israels beauftragt, mahnt er die Israeliten, dass sie falsche Götter anbeten. In einem Wettstreit kann Elija zeigen, dass der Gott Israels stärker als andere Götter ist. Er muss dann aber in die Wüste fliehen, wo er sich verlassen fühlt und Gott auffordert, sich zu zeigen. An einer Höhle am Berg Horeb zeigt sich Gott auf unerwartete Weise (vgl. S. 38).

Evangelium/Evangelist

„Evangelium" stammt aus der griechischen Sprache und heißt übersetzt „frohe Botschaft". Die Christen bezeichnen damit jedes der vier Bücher im Neuen Testament, das von Jesus Christus erzählt.

Mit „Evangelium" ist auch die gesamte Botschaft von Jesus Christus gemeint. Sie kann Menschen froh machen, denn Gott verspricht, dass er bei den Menschen ist – jetzt schon und über den Tod hinaus.

Evangelisten werden diejenigen genannt, die die Evangelien abgefasst haben. Der Tradition nach werden sie Matthäus, Markus, Lukas und Johannes genannt.

Heiliger Georg

Von Georg wird erzählt, dass er ein christlicher römischer Ritter war. Den Rittern waren Tapferkeit und Hilfsbereitschaft wichtig. Für Georg wird dies durch eine Geschichte gezeigt und ausgeschmückt, die sein Christsein mit seinem Eintreten gegen das Böse – im Bild des Drachens – verbindet:

In den weiten Sümpfen vor einer Stadt lebte ein Drache. An jedem Tag sollte von den Einwohnern der Stadt ein lebendiges Wesen geopfert werden. Als alle Tiere der Stadt geopfert waren, forderte der Drache Kinder und Jugendliche. Alle Bewohner waren traurig und zornig. Eines Tages traf das Los auch die Königstochter. Dies hörte der Ritter Georg. Er kam in die Stadt und versprach den Drachen zu töten. Wenn ihm dies gelänge, wollten sich alle Bewohner der Stadt taufen lassen. Georg sprach ein Gebet, ritt zu dem Drachen und rammte ihm seine Lanze in den Leib. Er kehrte mit dem toten Drachen zurück, und die Bewohner ließen sich aus Dankbarkeit taufen.

Figur des Heiligen Georg (Georgsbrunnen in Augsburg)

Inklusion

Inklusion bedeutet, dass der Unterschied zwischen Menschen keine wesentliche Rolle spielt – egal, ob sie behindert oder nicht behindert, Einheimische oder Ausländer sind. Jeder Mensch hat das Recht darauf, dabei zu sein. Es kommt z. B. in der Schule darauf an, Lernen und Spielen so zu gestalten, dass alle ihre jeweiligen Fähigkeiten einbringen können. Denn alle Menschen sind verschieden, jede und jeder hat Begabungen, die eine andere oder ein anderer nicht besitzt. Wenn alle ihre Fähigkeiten gemeinsam einbringen und verbessern können, kann dies auch alle bereichern.

In der Behindertenrechtskonvention der Vereinten Nationen ist das Recht auf Inklusion festgeschrieben. Diese Behindertenrechtskonvention ist ein Vertrag, den viele Länder unterschrieben haben, auch Deutschland.

Jahwe

Im Alten Testament ist Jahwe der Name Gottes. Seinen Namen hat Gott Mose am brennenden Dornbusch (Ex 3,14) genannt. Jahwe bedeutet: „Ich bin, der ich bin“ (vgl. S. 34). Mit diesem Namen zeigt sich Gott als ein lebendiger Gott, der für die Menschen da ist.

Maria

Maria ist die Mutter Jesu. Sie war mit Josef verheiratet. Im Neuen Testament wird erzählt, wie sie Jesus in wichtigen Situationen seines Lebens begleitet hat.

Da Jesus Christus als Mensch und als Gott verehrt wird, gilt Maria nicht nur als die Mutter des Menschen Jesus, sondern auch als Mutter Gottes. Deshalb wird sie verehrt. Dies drückt sich in vielen Gebeten und Liedern aus. Das bekannteste Gebet ist das „Gegrüßest seist du, Maria“:

„Gegrüßest seist du, Maria, voll der Gnade,
der Herr ist mit dir.
Du bist gebenedeit unter den Frauen,
und gebenedeit ist die Frucht deines Leibes,
Jesus.
Heilige Maria, Mutter Gottes,
bitte für uns Sünder
jetzt und in der Stunde unseres Todes.
Amen.“

„Gebenedeit“ ist ein altes Wort für „gesegnet“.

Messfeier, heilige Messe

Die heilige Messe ist der wichtigste Gottesdienst in der katholischen Kirche. Sie wird von den Gläubigen mindestens an jedem Sonntag gefeiert. Die Teile einer heiligen Messe haben eine bestimmte Reihenfolge (siehe Gotteslob, Nr. 582–591):

Eröffnung
- Einzug, Lied
- Kreuzzeichen
- Begrüßung, Einführung
- Kyrie („Herr, erbarme dich“)
- Gloria („Ehre sei Gott“)
- Tagesgebet

Wortgottesdienst
- 1. Lesung
- Antwortpsalm
- 2. Lesung
- Ruf vor dem Evangelium*
- Evangelium
- Predigt
- Glaubensbekenntnis
- Fürbitten

Eucharistiefeier
- Gabenbereitung
- Hochgebet
- Vaterunser
- Friedensgruß
- Brechung des Brotes
- Kommunionempfang
- Stille und Danksagung
- Schlussgebet

Abschluss
- Segen
- Entlassungsruf
- Auszug

Eröffnung und Wortgottesdienst weichen bei heiligen Messen an Werktagen oder zu bestimmten Zeiten im Kirchenjahr geringfügig ab.

Messias

Im Neuen Testament wird verkündet, dass Jesus der Messias ist. Der Messias soll der Welt Frieden, Gerechtigkeit und das Reich Gottes bringen. In der hebräischen Sprache, die die Juden damals sprachen, bedeutet Messias „Gesalbter“. Gesalbt wurden im Altertum Könige wie David (vgl. S. 60), Propheten* und Priester. Die griechische Übersetzung von Messias lautet „Christos“. Die Christen sind also die „Gesalbten“. „Jesus Christus“ ist kein Vorname und Nachname, sondern ein Bekenntnis. Es bedeutet: „Jesus ist der Messias“.

nach Christus → Zeitrechnung

Nomade

Nomaden sind Stämme oder große Familien, die mit ihren Zelten und ihrem Vieh durch die Wüste oder die Steppe ziehen. Sie suchen Wasserquellen und schlagen dort ihre Zelte auf. Die Schaf- oder Ziegenherden weiden das Land in der Umgebung der Wasserquelle ab. Danach ziehen die Nomaden weiter zum nächsten Weideplatz mit Wasser.

Nomadenzelt

Prophet/Prophetin

In der Bibel ist ein Prophet ein Mensch, der von Gott angesprochen wird. Dadurch erfährt er, was Gott will. Er sagt den Willen Gottes seinen Mitmenschen weiter und weist ihnen den richtigen Weg. Vor allem im Alten Testament wird von Frauen und Männern erzählt, die Prophetinnen und Propheten sind. In dem Bibelregal S. 52 sind viele biblische Bücher nach Propheten benannt.

Psalm

Ein Psalm ist ein Gebet in Form eines Liedes. Es kann sehr kurz oder sehr lang sein. Im Alten Testament befindet sich das Buch der Psalmen (siehe das Bibelregal S. 52), eine Sammlung von 150 solchen Liedern. Die Psalmen werden in ihrem Buch durchgezählt; sehr bekannt ist der Psalm 23. Er beginnt: „Der Herr ist mein Hirte, nichts wird mir fehlen." Die Psalmen sollten einen wichtigen und bedeutenden Autor haben, deshalb wird bei vielen Psalmen König David als ihr Verfasser genannt.

Salbung

Eine Salbung ist eine religiöse Handlung. Ein Priester z. B. salbt eine Person, indem er Öl auf ein Körperteil aufbringt. David wurde von Samuel zum König gesalbt (vgl. S. 60). Die Christen werden bei ihrer Taufe mit einem kostbaren Pflanzenöl gesalbt (Chrisam). Katholische Christen werden auch bei schwerer Krankheit gesalbt (vgl. S. 100). Das Öl ist ein Zeichen der Stärkung und Reinigung. So stärkt der Geist Gottes zum richtigen Handeln und reinigt von dem, was von Gott wegführt.

Symbol

Ein Symbol meint ein Bild, eine Geschichte oder einen Gegenstand, der mehrere Bedeutungen hat. Die erste Bedeutung bei einem Gegenstand ist das, was man sieht. Ein Kreis z. B. ist eine geschlossene, runde Linie, die keinen Anfang und kein Ende hat. Die zweite Bedeutung umfasst Gefühle und Erfahrungen, die Menschen mit dem Bild, der Geschichte oder dem Gegenstand verbinden. So steht der Kreis durch seine runde Form für Unendlichkeit, Vollkommenheit und Glück.

Tempel

Tempel sind in vielen Religionen Gebäude, in denen Götter verehrt werden. Häufig galten sie als Wohnort der Götter.

Modell des Jerusalemer Tempels

Die Juden hatten nur einen einzigen Tempel; dieser befand sich in Jerusalem. Gläubige Juden pilgerten zu verschiedenen Festen nach Jerusalem, um im Tempel Opfer zu bringen. Heute ist vom Jerusalemer Tempel nur noch ein Teil der Westmauer zu sehen. Sie wird von den Juden „Klagemauer“ genannt.

Tora

Die Tora besteht aus den ersten fünf Büchern des Alten Testaments. Wir nennen sie die fünf Bücher Mose (vgl. das Bibelregal S. 52). In der Tora stehen viele Erzählungen von der Erschaffung der Welt bis zum Auszug Israels aus Ägypten und der Wanderung durch die Wüste. Außerdem enthält sie die guten Weisungen, die Gott dem Volk Israel gegeben hat. Daneben finden sich Regeln für das tägliche Leben, die den Juden sehr wichtig sind.

Mit dem Begriff Tora wird auch die Torarolle bezeichnet. Das ist eine Pergamentrolle, die den handgeschriebenen Text der fünf Bücher Mose enthält (siehe auch S. 50).

vor Christus → Zeitrechnung

Zeitrechnung: ... vor Christus / nach Christus

Wir leben im 21. Jahrhundert. Unsere Jahre werden gezählt: 2018, 2019, 2020 ... Das Jahr 1 – also der Beginn unserer Zeitrechnung – ist das Jahr, in dem Jesus Christus geboren worden sein soll. Wir wissen heute, dass Jesus nicht im Jahr 1, sondern einige Jahre früher zur Welt kam. Alle Jahre nach Christi Geburt werden mit „n. Chr.“, die Jahre vor Christi Geburt mit „v. Chr.“ abgekürzt. Das Jahr 100 z. B. gibt es zwei Mal: 100 v. Chr. und 100 n. Chr.

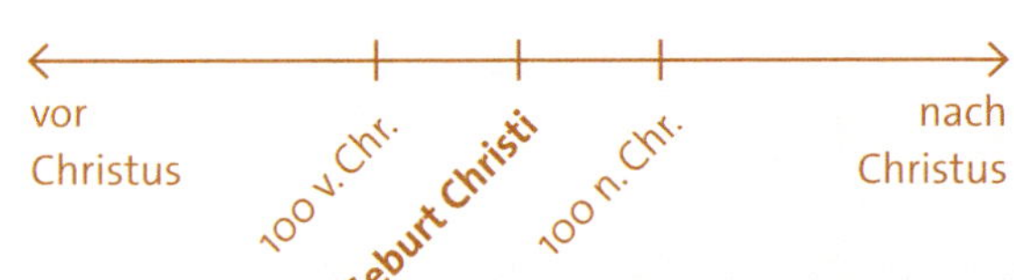

Bild- und Textnachweis

Abbildungen

4 Shutterstock/wavebreakmedia – Otto Dix, Stiftung Kunstmuseum Stuttgart gGmbH, Stuttgart © VG Bild-Kunst, Bonn 2016 – Fotolia/© efks **5** Georges Rouault, bpk/CNAC-MNAM/Georges Meguerditchian © VG Bild-Kunst, Bonn 2017 **6** Shutterstock/wavebreakmedia **8** action press – imago/Westend61 – Shutterstock/Syda Productions – Fotolia/© ARochau – Mauritius Images/H. Mark Weidman Photography/Alamy – Fotolia/© DragonImages **9** Shutterstock/AKI's Palette **10** Martin Kaiser, Langensendelbach **11** (beide) Fotolia/© Antrey **12** Getty Images/Alfred Gescheidt Collection **13** Fotolia/© globalpainting **17** picture alliance/Presse-Bild-Poss – INTERFOTO/ARTCOLOR – INTERFOTO/Bahnmüller **20** Pixabay/Myriams-Fotos **21** Annett Abdel-Rahman, Hannover – picture-alliance/dpa **26** Shutterstock/wavebreakmedia **28** Otto Dix (1891–1969), Neugeborenes Kind auf Händen (Ursus), 1927, Mischtechnik auf Holz, 50 × 43,5 cm; Kunstmuseum Stuttgart/Stiftung Kunstmuseum Stuttgart gGmbH, Stuttgart © VG Bild-Kunst, Bonn 2017 **31** imago/MiS – KNA-Bild **32** (alle) aus: Michèle Lemieux, Gewitternacht © 1996, 2002 Beltz & Gelberg in der Verlagsgruppe Beltz, Weinheim/Basel/Berlin **34** Mose vor dem brennenden Busch, 12. Jh., St. Katharinen-Kloster, Sinai; INTERFOTO/Granger, NYC **36** Ägyptische Wandmalereien, 18. Dynastie, 15. Jh. v. Chr. – Ausschnitte aus einer Wandmalerei aus dem Grab des Rekhmere, Hofbeamter unter Thutmosis III. und Amenophis II., Luxor-Theben, Gräberfeld von Seikh Abd al-Qurnah; akg-images/Erich Lessing **38** Silke Rehberg (*1963), Elijah begegnet Gott, in: Meine Schulbibel, München u. a. 2003 © Cornelsen Verlag GmbH, Berlin **40** imago stock&people **43** (alle) Jutta Bauer, aus: Opas Engel, Carlsen Verlag/Bonnier Media, Hamburg 2001 **46** Otto Dix, Stiftung Kunstmuseum Stuttgart gGmbH, Stuttgart © VG Bild-Kunst, Bonn 2017 **48** Fotolia/© efks **49** Verlag Herder, Freiburg – Fotolia/© Jogimie Gan – GBV GmbH, Eschenburg/Johannes Kogut – © 2014 Editrice Elledici, Torino – United Bible Societies/Società Biblica Britannica e Forestiera, Roma – Shutterstock/Cameramannz **50** o. li.: picture alliance/AP Photo – o. re.: Udo Weiß, Oberviechtach – Mi. li.: picture alliance/AP Photo – Mi.: Cornelsen Verlag GmbH, Berlin – Mi. re.: Kitty Kleist-Heinrich/Verlag Der Tagesspiegel – u. li.: Lena Reiher, Bonifatiuswerk der deutschen Katholiken e. V., Paderborn – u. re.: RPA-Verlag, Religionspädagogische Arbeitshilfen GmbH, Landshut © Irmengard Kindl **54** Die Bibel, Einheitsübersetzung, Altes und Neues Testament: Bibeltextauszug (2 Sam 22) © 2016 Verlag Katholisches Bibelwerk GmbH, Stuttgart **55** Vincent van Gogh (1853–1890), Der barmherzige Samariter (nach Delacroix), 1890, Öl auf Leinwand, 73 × 60 cm, Otterlo, Rijksmuseum Kröller-Müller; Blauel/ARTOTHEK **60** HAP Grieshaber (1909–1981), Herzauge, 1937, Farbholzschnitt, 29,3 × 23,2 cm; bpk | Sprengel Museum Hannover | Michael Herling | Aline Gwose © VG Bildkunst, Bonn 2017 **61** Samuel salbt David, Jüdische Schule, 3. Jh., Wandmalerei in der Synagoge von Dura-Europos, Tempera auf Gips, National Museum of Damascus, Syrien © Bridgeman images **63** Bodo Witzke, Klein-Winternheim **65** Fotolia/© cometcat **68** Fotolia/© efks **70** Georges Rouault (1871–1958), Christ en croix (croix rouge), 1935, Öl auf Papier, 17 × 26,5 cm; bpk/ CNAC-MNAM/Georges Meguerditchian © VG Bild-Kunst, Bonn 2017 **74** imago/Sven Simon – imago/Schöning **75** © Bridgemanimages.com **80** mauritius images/Andrew Aitchison/Alamy **83** Colourbox/Komarovskyy Mykola – ddp images/Elnur Amikishiyev **87** Fotolia/© Dirk Vonten **88** Georges Rouault, bpk/CNAC-MNAM/Georges Meguerditchian © VG Bild-Kunst, Bonn 2017 **92** mauritius images/imageBROKER/Bahnmueller **94** Dreifaltigkeitskirche Kappl © Luftbild Laumer, Weiden – St. Pius, Ingolstadt, Bistum Eichstätt © Ulrich Neuner, Ingolstadt – Gedächtniskirche Speyer © epd-bild/Klaus Landry **95** Martinskirche in Landshut, Bayern; imago/Peter Widmann – Bamberger Dom, Fürstenportal; imago stock & people **96** St. Katharina von Siena, Köln-Blumenberg © Lukas Roth, Köln **99** Maximilian Fritz, Bischöfliches Seelsorgeamt, Klagenfurt **102** Deutsche Pfadfinderschaft Sankt Georg, Neuss © Sebastian Sehr **103** KNA-Bild – Hanns Friedrich, Bad Königshofen im Grabfeld – Rupert Joemann,

Westfälische Nachrichten, Gronau **105** Fotolia/© geografika **108** © Luftbild Laumer, Weiden **109** Wortgrafik: Siegfried Macht, Bayreuth – © Marlis Büsching, Kaufungen **114** Tilman Riemenschneider (ca. 1460–1531), Christus und die zwölf Apostel, Windsheimer Triptychon, Holz; Kurpfälzisches Museum, Heidelberg © Bridgemanimages.com **115** Brunnenfigur des Georgsbrunnens, Bronze, Augsburg; action press/Jens Gläser **117** Colourbox **118** Modell des Zweiten Tempels im Israelmuseum, Jerusalem © mauritius images/imageBROKER/Klaus-Werner Friedrich – ddp images

Texte

19 Segensgebet: frei nach Anselm Grün, Segne mich © Verlag Herder, Freiburg, in: Gotteslob 11.3, S. 63 © 2013 Katholische Bibelanstalt GmbH, Stuttgart **26** Die kleine Schraube, in: Peter Bleeser (Hg.), Geschichten für Sinndeuter, Georgs-Verlag, Düsseldorf 2000 **39** Wenn es ganz still wird, nach: Wilhelm Willms, aus der luft gegriffen, Butzon & Bercker, Kevelaer 1981, S. 173 **41** Der Herr ist mein Kumpel, aus: Konfirmandengottesdienst am 26. April 2009 in der evangelischen Pauluskirche Gießen, http://www.bibelwelt.de/html/hirte1.html (Abruf 25.10.2016) **46** Beppo, in: Ursula Arnold/Helmut Hanisch/Gottfried Orth (Hg.), Was Kinder glauben. 24 Gespräche über Gott und die Welt, Calwer Verlag, Stuttgart 1997, S. 350–351 **47** Nach: Richard Rogge/Helga Storkenmaier, Sag du zu Gott. Neue Gebete für Sonderschulen, Don Bosco/Claudius, München 1991, S. 31 **63** Klein – groß, nach: Erich Fried, Kleine Frage, in: Ders., Gesammelte Werke. Band 2: Gedichte, hg. von Volker Kaukoreit, Verlag Klaus Wagenbach, Berlin 1993 **76** Ein Tag in einer römischen Familie, in: Hanna Bogdahn/Andreas Herrmann, Relifix 5. Stundenbilder fix und fertig aufbereitet für den evangelischen Religionsunterricht an Hauptschulen, Claudius Verlag, München 2006 (gekürzt) **83** Wunder erleben, in: Manfred Häußler, Albrecht Rieder, Wunder und Gleichnisse im Religionsunterricht, Vandenhoeck & Rupprecht, Göttingen 2012, S. 31 (Interview deutlich gekürzt) **87** Endlich einer, der sagt, nach: Martin Gutl, in: Josef Dirnbeck/Martin Gutl, Ich begann zu beten, Styria Verlag, Graz/Wien/Köln, S. 21

Alle Bibeltexte zitiert nach: Einheitsübersetzung der Heiligen Schrift, vollständig durchgesehene und überarbeitete Ausgabe © 2016 Katholische Bibelanstalt GmbH, Stuttgart

Lieder

15 Originaltitel: I Got You, T/M: Paul Janz, Deutscher Text: Jürgen Werth © 1976 Paragon Music Corp./John T. Benson Publ. Co Inc./New Spring Publishing Inc., für D, A, CH: Small Stone Media Germany GmbH **45** T: Friedrich Dörr 1970/M: Caspar Ulenberg 1603 © Diözesancaritasverband Eichstätt **51** T/M: Robert Haas © Robert Haas Musikverlag, 87439 Kempten – www.robert-haas.de **57** Originaltitel: Weil ich Jesu Schäflein bin, Originaltext: Luise von Hayn 1778/M: volkstümliche Weise **69** T: Pfarrer Hans-Herrmann Bittger 1983 © Bistum Essen/M: Kanon für zwei Stimmen, Joseph Jacobsen 1935 © Rechtsnachfolger des Urhebers **89** M: Spiritual („Oh when the saints …"/„Ja wenn der Herr einst wiederkommt") **107** T/M: Klaus König